廖燕青 ◎ 主编

乐教趣学

——基于英语学习活动观的小学课堂教学活动设计

吉林人民出版社

图书在版编目（CIP）数据

乐教趣学：基于英语学习活动观的小学课堂教学活
动设计/廖燕青主编.—长春：吉林人民出版社，
2023.8

ISBN 978-7-206-20336-7

Ⅰ.①乐…Ⅱ.①廖…Ⅲ.①英语课—课堂教学—教
学设计—小学 Ⅳ.①G623.312

中国国家版本馆CIP数据核字（2023）第174081号

乐教趣学：基于英语学习活动观的小学课堂教学活动设计

LE JIAO QU XUE：JIYU YINGYU XUEXI HUODONG GUAN DE XIAOXUE KETANG JIAOXUE HUODONG SHEJI

主　编：廖燕青　　　　　　　封面设计：李　娜
责任编辑：高　婷
吉林人民出版社出版发行（长春市人民大街7548号　　邮政编码：130022）
印　　刷：北京政采印刷服务有限公司
开　　本：787mm×1092mm　　1/16
印　　张：13.25　　　　　字　　数：210千字
标准书号：ISBN 978-7-206-20336-7
版　　次：2023年8月第1版　　印　　次：2023年8月第1次印刷
定　　价：58.00元

如发现印装质量问题，影响阅读，请与出版社联系调换。

编委会

前言

《义务教育英语课程标准（2022年版）》提出践行学思结合、用创为本的英语学习活动观，秉持在体验中学习、在实践中运用、在迁移中创新的学习理念，倡导学生围绕真实情境和真实问题，激活已知，参与到指向主题意义探究的学习理解、应用实践和迁移创新等一系列相互关联、循环递进的语言学习和语言实践活动中。活动观指导下的英语学习过程"既是语言知识与语言技能整合发展的过程，也是思维品质不断提升、文化意识不断增强、学习能力不断提高的过程"。一堂好课应当有学生快乐的声音，有教师激励的声音，有学生的积极参与，有教师的科学引导。一堂好英语课应该是"教师有激情""学生有声音""课堂有温度""教学有活动""学习有成效"的活动型课堂《义务教育英语课程标准（2022年版）解读》。因此，教师应依据活动观设计教学活动，在教学中做到将语言学习与思维发展有机结合，通过巧妙设计的活动促进学习者的意义建构和思维发展。通过游戏化、生活化的课堂活动帮助学生在特定情境下自主探究、互动体验、分析评价，内化迁移，从而真正建构起知识，表达思想，交流情感，形成正确的人生观和价值观。

本书共有四章。第一章是学习理解案例，教学内容涉及字母、数字、天气、动物、水果、食物、国家等。在Thumb Bomb活动案例中，教师通过感知与注意活动，借助手指理解数字及核心句型"How many..."及其答语的意义；在Sort the Animals活动案例中，教师通过概括与整合活动，为学生创设了全员参与和探究主题意义的情境和空间，让学生将动物与居住地进行准确归类，使学生成为意义探究的主体和结构化知识的建构者；在Find the Pronouns活动案例中，教师借助扫描式（Scanning）阅读法，在对文本内容进行初步理解的基础上，让学生学会获取与梳理文本信息，建立信息间的关联。在学习理解类活动中，教师精准把握感知与注意、获取与梳理、概括与整合等基于语篇的学习活动的要求，有效引导学生感知并理解语言所表达的意义。第二章是应用实践案例，教师在学习理解案例的基础上，开展描述与阐释、分析与判断、内化与运用等深入学习内容的活动。在Let's Make Ten!活动中，教师将数字内容融入经典的"凑10"游戏，引导学生基于已学的数字知识开展分析、运算、问答等多种有意义的活动，内化语言知识和学科知识，促进知识向能力的转化；在Mix the Colours活动中，教师将经典的混色活动引入英语课堂，创设有趣的科学实验情境，让学生在组内动手实验，自主探究，合作互助，促进知识向能力的转化。应用实践类活动是英语课堂中开展较多的活动，本章展示了如何将常规活动玩出新意，让学生在用英语做事情的过程中运用语言，实现内化和运用。第三章是迁移创新案例。迁移创新是学习活动的最高层级，让学生开展超越语篇的学习活动。教师通过Make a New Book活动，让学生选择自己喜欢的颜色和图画进行创作，并制作成新的绘本，为学生创设主动参与和探究主题意义的情境和空间，使学生获得积极的学习体验；教师通过Find the Picture将场景迁移到新的地方，让学生在新情境中运用所学解决问题，促进其能力向素养的转化。迁移创新活动展现了如何用新的活动形式、新的思考角度和新的思维方式来解决新的问题。第四章是整体案例，每个案例针对同一学习内容整体规划，设计学习理解、应用实践、迁移创新活动。 在Fruit Salad活动中，让学生找到自己喜爱的水果，从Make fruit salad过渡到Share fruit salad，使学生在活动中习得语言知识，运用语言技能评析语篇意义，建立语篇与育人功能之间的联系；How Much? 案例中，教师通过层层递进的学习活动，引导学生从文本走向现实生活，引导学生思维由低阶向高阶发展。

　　不同于整节课的教学设计，本书所呈现的案例或为课堂的一个导入片段，或为一个承上启下的活动，或为课堂教学情境中的一个语用任务……活动时长多在10分钟左右，兼具灵活性、实践性和趣味性之特点。案例包含教学内容、活动目标、活动准备、实施步骤、效果评价、实施建议、活动评述、可参考此活动的话题等小板块。全书活动均来自一线小学英语教师的真实案例，读者可在教学过程中参考或直接使用。我们希望本书能够成为广大英语教师课堂教学活动的第一手参考资料，更希望它能够为提高教师课堂活动设计能力贡献绵薄之力。

目录

第一章　学习理解案例

第二章　应用实践案例

第三章　迁移创新案例

第四章　整体案例

第一章

学习理解案例

案例1：Capital Letter and Lowercase

（大小写字母）

【教学内容】

字母A，a，B，b，C，c，D，d。

【教学活动】

案例年段	小学低段	预计活动时长	3～5分钟
活动目标	1. 认读大小写字母A，a，B，b，C，c，D，d。（学习理解） 2. 匹配大小写字母A-a，B-b，C-c，D-d。（学习理解）		
活动准备	教师字母卡片： Aa Bb Cc Dd 学生字母卡片： A a B b C c D d 学生字母卡片总数为全班人数，如全班48人，共计6套48张		
语言技能	〔√〕听　〔√〕说　〔√〕读　〔 〕看　〔 〕写		
能力水平	〔√〕学习理解　〔 〕应用实践　〔 〕迁移创新		

◆◆ **实施步骤**

1. 活动导入

教师播放字母歌，引导学生跟唱。

教师在黑板上贴出"Aa，Bb，Cc，Dd"字母卡片，带领学生认读。

2. 活动示范

教师请8名学生上讲台，将8张学生字母卡片随机发给学生。

教师手指板书卡片大声读Aa，请学生对比自己手中的字母卡片，让持有字母A和a卡片的两位同学举起卡片，大声读出字母，并交换位置。

请交换位置的同学举起卡片，全班同学对照黑板上的教师卡片，核对正确与否。

其余三个字母"B，b；C，c；D，d"按照上述过程示范。

3. 全班活动

教师将所有卡片分发给学生。

教师随机说字母，持该卡片的学生需要大声朗读字母，并找到持有对应字母卡片（大写字母需找到小写字母，小写字母需找到大写字母）的同学交换座位坐下。

一轮游戏结束后，学生和其他同学交换不同的字母卡片，再次进行游戏。

4. 效果评价

教师观察学生能否认读手中卡片，了解学生对字母大小写的匹配情况。

教师认真倾听学生朗读字母是否准确，把握学生对字母发音的掌握情况，发音不够标准的字母可让学生多次练习。

◆ **实施建议**

（1）教师在分发字母卡片时，应注意课堂秩序。

（2）如学生认读还有一定困难，教师发出指令后可以手指黑板上的对应字母卡片，让学生对照手中字母进行认读。

（3）如全班同学参与游戏，课堂秩序容易混乱，可以仅用一套卡片，即让8位学生参与活动，其余同学观看并评价参加活动的同学是否正确找到对应字母。

【活动评述】

该活动属学习理解类活动，学生在生活中对字母"Aa，Bb，Cc，Dd"已有初步感知,但未系统学习,也从未进行大小写字母的匹配。在本活动中,教师没有机械地让学生匹配大小写字母,而是让拿着大小写字母卡片的同学交换座位,通过符合低段学生年龄特点的肢体运动来使他们建立信息之间的联系。为帮助学生在活动中学习理解,教师特意将教师卡片贴在黑板上,学生看板书卡片并对比自己手中卡片的过程,也是学习的重要过程。

【可参考此活动的内容】

（1）其他字母的学习。

（2）阿拉伯数字和英语数字的匹配。

（成都市泡桐树小学桐欣校区　蒋文静）

案例2：Thumb Bomb

（拇指炸弹）

【教学内容】

核心词汇：one，two，three，four，five，six，seven，eight，nine，ten。

核心句型：How many fingers are there? There are...

【教学活动】

案例学段	小学低段	预计活动时长	3～5分钟
活动目标	1. 在看、听、说活动中，学习数字单词。（学习理解） 2. 在教师的帮助下，同伴合作，借助手指理解核心句型How many...及其答语的意义。（学习理解）		
活动准备	教学课件		
语言技能	〔√〕听　〔√〕说　〔　〕读　〔√〕看　〔　〕写		
能力水平	〔√〕学习理解　〔　〕应用实践　〔　〕迁移创新		

◆◆ 实施步骤

1. 活动导入

教师播放手指数字歌曲视频，让学生逐句跟唱，并做相应手势。歌词及对应手势如下：

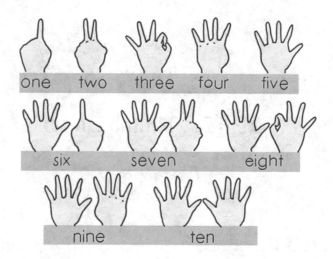

One finger, two fingers, three fingers, four.

One, two, three, four, five fingers more.

Six fingers, seven fingers, eight fingers, nine.

Six, seven, eight, nine, ten fingers. Hooray!

译文：

一根手指，两根手指，三根手指，四根手指。

一，二，三，四，五根手指。

六根手指，七根手指，八根手指，九根手指。

六，七，八，九，十根手指。好极了!

2. 活动示范

教师请一位学生上台，并在学生面前伸出两根手指，提问：How many fingers are there? 学生用手指数并回答：One, two. Two! 学生回答准确，教师说Bingo，然后示意学生随机出示几根手指，如5根手指。学生提问：How many fingers are there? 教师用手指数并回答：One, two, three, four, five. Five! 学生说Bingo!

教师选择大拇指作为炸弹手指。凡是大拇指出现时，不能说数字，而是说Boom! 教师在学生面前竖起大拇指和食指，提问：How many fingers are there?

学生说Boom! 学生回答正确，交换角色，由学生出示手指并提问。

每次均由回答正确的一方进行提问，直到对方回答正确才能交换角色进行提问。

3. 小组活动

学生开展两人小组活动。两人约定将大拇指作为炸弹手指。

学生A随机出示手指数（如6根手指），提问：How many fingers are there? 学生B回答：One，two，three，four，five，six. Six! 学生A提示：No. 由于学生B没有意识到炸弹手指，回答错误，所以学生A可以继续出示新的手指并进行提问。学生A出示手指数（如食指、中指和无名指），学生B数数回答：One，two，three. Three! 学生A说Bingo，换学生B出示手指并进行提问。

4. 效果评价

教师观察学生说数字1～10的情况，发现问题，对学生不够熟练的数字和发音较难的数字可让其进行多次练习。

教师观察学生能否对手指数量进行正确回答，并根据学生的表现给予指导和帮助。

◆◆ **实施建议**

（1）在活动过程中，教师应给学生留够思考时间，允许还不够熟练的学生按顺序数数后再进行回答，不必催促。

（2）如果该活动在二、三年级进行，可以增加游戏难度，可以让学生选择任意手指作为炸弹手指。

【活动评述】

本案例中，教师围绕Numbers主题内容，设计了学习理解类活动，引导学生采取合作的学习方式，借助手指理解核心句型"How many..."及其答句的意义。在活动中，学生看视频，唱数字儿歌，这是感知与注意的学习理解类活动；在直接式沟通（Total Physical Response，TPR）教学活动中学生边唱边比手势，这是适合一年级学生的学习方式；学生理解核心句型及1~10数字的意义后，教师设计了手指炸弹游戏，为枯燥的数字句型操练注入趣味，孩子们似乎都在关注炸弹，但在这个表象下，老师的活动设计目的是"在多次循环中实现学习理解类活动到应用实践类活动的进阶"，最终帮助所有学生在理解的基础上达成运用。

【可参考此活动的主题】

（1）有关星期的主题。

（2）有关月份的主题。

参考文献

吴欣，Larry Swartz，Beth Levy. 义务教育教科书英语（一年级起点）一年级上册［M］.北京：人民教育出版社，2013.

（成都市泡桐树小学桐欣校区　余春平）

案例3：Musical Role-Play

（表演片段配乐）

【教学内容】

绘本故事*Pig Wants a Bath*，该片段为小猪的几位朋友送的水都不够他洗澡，然而他又特别热，特别想洗澡。所以情急之下，小猪崩溃大哭，使故事情节走向高潮。

旁白：Pig is sitting on the ground and cries.

小猪：I need more water.

小鸭、小狗、小马：Can anybody help?

【教学活动】

案例年段	小学低段	预计活动时长	5~8分钟
活动目标	1. 能在不同背景音乐的伴奏下，分角色朗读台词，体会角色情感。（学习理解） 2. 能根据对故事情节的理解，选择相应的背景音乐，部分学生能简单说明理由。（学习理解）（应用实践）		
活动准备	三段不同情绪的音乐、教学课件、每人一套台词本		
语言技能	〔√〕听 〔√〕说 〔√〕读 〔√〕看 〔 〕写		
能力水平	〔√〕学习理解 〔√〕应用实践 〔 〕迁移创新		

◆◆ **实施步骤**

1. 活动导入

教师在PPT上出示该片段的角色对话。

教师提出：Let's read in roles. Who wants to be the narrator? Who wants to be...? 学生根据自己的喜好，选择角色：I want to be...

学生相互配合，完成分角色朗读。

2. 问题提出

教师对刚才学生的分角色朗读进行简单评价并鼓励他们，然后提出自己的想法：We need to put more emotion in role-play. I guess music can help! Would you like some music？

教师分别播放三段音乐，请学生跟随音乐进行分角色朗读，鼓励他们朗读中配合肢体动作及表情。

根据学生对音乐的反应，教师可以提问，如 "Why are you laughing？" "Why do you stop performing？" 或者 "Does the music help？"。

3. 问题解决

教师提问：Which piece of music is your favourite？ Why？

学生小组讨论，教师巡视并给予学生语言帮助，如 "The music makes me feel..."。

学生投票决定采用哪一段音乐。

播放选定音乐，学生再次进行片段表演。

4. 效果评价

教师观察学生在音乐中朗读台词的情况，根据学生的表现给予指导和反馈。

教师观察学生对音乐的选择，评价学生对于故事情感的理解程度，适时进行追问并鼓励学生。

◆• **实施建议**

（1）教师根据文本意涵和角色情绪选定音乐。

（2）在初次使用这种方法时，选择的三段音乐应有较大的差别，让学生能很明显听出其表达的不同情感。

（3）在学生对这种方法比较了解后，也可以请学生来担任选择音乐的准备工作，且不一定只有一段音乐最适合。

【活动评述】

配乐是戏剧教学中常用的方法。背景音乐的运用能丰富戏剧的表现形式，是戏剧中不可忽视的组合元素。如果老师直接播放一段自己选择好的音乐让孩子们进行表演，便不能体现孩子对剧本人物、背景、故事发展的深刻理解。在本活动中，教师对语篇进行了深入研究和分析，精心选择三段音乐，让学生在不同背景音乐的伴奏下，分角色朗读台词，理解和体会角色的情感，做出了对背景音乐的适当选择。

本活动既有感知与注意，让学生深度理解文本的学习理解活动，也有分析与判断，让学生选择背景音乐的应用实践活动。对孩子个体进行课堂观察，我们会发现不同的学生在理解文本意涵、体会背景音乐情感、建立音乐与文本之间的连结上有一定的差异，我们要尊重这种差异，允许学生在多次的扮演活动中逐步进阶，进而能深度理解文本，也允许他们有不一样的解读。

该绘本授课年级为小学低段，孩子们在表达选择理由方面尚有不足，因此我们把目标更多地定位在深度理解，这也是我们将本案例放在学习理解这一章节的原因。

【可参考此活动的教学语篇】

（1）有丰富情感的虚构类语篇。

（2）有关不同情绪的语篇。

参考文献

樊波，商幼林，覃雨辰. 悠游素养系列•戏剧坊•儿童故事剧1级Pig wants a bath［M］. 北京：外语教学与研究出版社，2021.

（成都市草堂小学子美校区　尹晓星）

案例4：What's the Weather Like?

（天气怎么样？）

【教学内容】

中国不同城市的天气。

核心词汇：weather，sunny，cloudy，windy，rainy，snowy。

核心句型：What's the weather like in...？It's...

【教学活动】

案例年段	小学低段	预计活动时长	5~8分钟
活动目标	1. 在看、听、说、读活动中，理解询问天气的句型及回答。（学习理解） 2. 能借助图片理解不同天气的表达，认读天气单词，制作天气卡片。（学习理解）		
活动准备	1. 教师教学卡片一套。 2. 课前为每位学生发放一张小的天气卡片（正面为天气图标，反面为单词）。 3. 每位学生另备四张与上述卡片同等大小的白卡片。		
语言技能	〔√〕听　〔√〕说　〔√〕读　〔√〕看　〔√〕写		
能力水平	〔√〕学习理解　〔　〕应用实践　〔　〕迁移创新		

◆ 实施步骤

1. 活动导入

教师播放英语天气预报视频，引出学习主题：weather。

请学生讨论天气和日常生活的联系（可以用中文）。

在讨论中学生提到不同城市有不同天气或旅行时需要关注天气时，教师抓住契机，展示中国地图及Chengdu，Beijing，Harbin，Genhe，Sanya，Sansha，Kunming，Qingdao等城市位置。

2. 活动示范

教师指向地图中学生和老师所在城市，提问：What's the weather like in Chengdu? 然后根据真实天气进行描述，如："It's cloudy."。

教师手指窗外，再次重复问题，然后展示五种天气的教学卡片，帮助学生在语境中理解词意，请一位学生在五种天气词卡中选出cloudy词卡。

教师将cloudy词卡贴在黑板上，提问：Who's got the 'cloudy' card?

学生须认读教师课前发放的天气小卡片，拿到cloudy词卡的学生起立。

教师引导坐着的学生问问题：What's the weather like in...?

站立的学生高举卡片并回答：It's cloudy.

3. 全班活动

教师请一位学生询问自己感兴趣城市的天气：What's the weather like in...? 学生表达正确后教师点击课件中的城市图标，课件中出现该城市天气预报图片及语音回答。

教师张贴相应天气卡片并重复播报天气：It's...in...

台下学生需再次认读教师课前发放的天气小卡片，拿到相应词卡的学生起立。坐着的学生询问天气情况，站立学生进行回答。

让学生完成五种天气的学习。

4. 活动拓展

请学生认读黑板上的单词卡片，对比自己手中原有的一张天气卡片，找出没有的四种天气。

用教师发放的四张空白卡片制作天气卡片，和原有的一张组成整套天气卡片。

5. 效果评价

教师观察学生是否理解询问天气的句子，并根据需要用肢体语言或图片帮助学生理解。

教师观察学生是否能根据课件中的城市天气选择手中相应的天气卡片，发现问题并及时提供帮助。

♦ **实施建议**

教师可自行选择城市，比如可选中国最冷城市根河和最南端城市三沙，也可选学生最熟悉的哈尔滨和三亚；天气情况一定要符合季节、城市的实际情况。

【活动评述】

该活动为学习理解类活动。教师在开课时通过真实天气预报视频，让学生感知与注意单元主题：天气与日常生活；讨论"天气和日常生活"虽然使用的是中文，但是这对低段学生进一步理解单元主题有重要意义；接下来，教师并没有把单元新句型当成句型来教授，而是在真实情境中询问学生所在地的天气，通过课件呈现、观察窗外天气、在黑板上张贴板书等多次重复，让不同理解能力的学生都能感知对话内容，体会和明确其表达的意义；为每个学生发放一张天气小卡片是一个有效的活动形式，起到了建立信息差、学生问答自然分组、在有意义的活动中隐形训练认读等多重作用；最后的活动拓展很符合低段学生的学习特点，孩子们制作卡片的过程也是巩固学习的过程，小卡片也可作为单元后续课时活动的道具。

本活动在真实的课堂语境中呈现语言，帮助学生在已有生活经验和学习主题之间建立关联，有利于学生围绕主题意义，感知并理解语言所表达的意义，并用语言进行交流和表达。

【可参考此活动的主题】

（1）季节的特征与变化。

（2）常见的职业。

（3）常见的动物，动物的特征和生活环境。

（成实外新都五龙山学校　黎 夏）

案例5：Sort the Animals

（动物分类）

【教学内容】

教学内容是为动物们寻找各自的居住地，动物单词均为复数。

核心词汇：elephants，pandas，horses，cows，pigs，fish，sheep，dolphins，whales，lions，bears，on the farm，in the forest，on the grassland，in the sea。

核心句型：I like...They live in/on the...

【教学活动】

案例年段	小学中段	预计活动时长	5～8分钟
活动目标	1. 在教师的帮助下，借助图片理解核心句型 "They live in/on the farm/forest/grassland/sea."。（学习理解） 2. 在小组活动中对动物居住地进行梳理和分类，了解不同动物有不同的生活环境。（学习理解） 3. 在小组活动中对不同动物的居住地进行分类，并进行描述。（应用实践）		
活动准备	1. 动物居住地图片。 2. 教学课件。 3. 每位学生一张小纸条，纸条背后有双面胶。		
语言技能	〔√〕听　〔√〕说　〔√〕读　〔√〕看　〔√〕写		
能力水平	〔√〕学习理解　〔√〕应用实践　〔　〕迁移创新		

◆◆ **实施步骤**

1. 活动导入

教师在PPT上出示动物的图片和对应单词，请学生说出它们的英语名称：They are ...

教师提问：What animals do you like? 学生根据自己的实际情况回答：I like ...

教师和学生一起在纸条上写出一种自己喜欢的动物的单词（复数形式）。

2. 活动示范

教师出示自己的单词纸条pandas，说：I like pandas. They live in the forest. 同时展示森林的图片，将pandas的单词纸条贴在森林图片上。教师再带领学生学习新句型。

教师提问：What animals do you like? 一个学生展示自己的动物单词纸条并回答：I like ducks.

教师出示农场、草原、海洋的图片，追问：Where do the ducks live?学生观察图片，理解词汇意义，找到鸭子居住地的图片，并将ducks单词纸条贴到农场上。在教师的帮助下学生学习用新句型表述动物的居住地：I like ducks. They live on the farm.

教师选择另外两位学生，重复以上步骤，带领学生学习grassland、sea的词汇和句型。

3. 小组活动

学生四人小组内讨论：I like... They live in/on the...

on the farm

on the grassland

in the forest

in the sea

教师将4张动物居住地图片放到教室的四个角落，邀请4个小助手站到四张图片前做核对工作。

教师先请一个大组的学生（12人）参与活动。让学生带上自己的动物纸条走到相应的位置，说出：I like... They live in/on the... 分类正确的学生经教师或小助手核实无误后可为各自小组获得积分。

教师根据现场情况，依次请另外三个大组参与活动。

4. 效果评价

教师观察学生将动物纸条与居住地配对情况，判断其对动物居住环境的理解的准确程度，并根据学生需要给予必要指导和反馈。

◆◆ **实施建议**

（1）教师在学生写动物单词纸条时，巡视并留意学生书写内容，以便有针对性地选出学生，引出不同的动物居住地。

（2）因学生需离开座位参与活动，教师应注意学生安全。

（3）请几位小助手帮助教师核实学生分类是否正确。

【活动评述】

该活动在学生已经掌握动物单词的基础上，帮助学生对动物居住地进行梳理和分类，并运用核心句型进行表达。在复习动物词汇时，教师通过感知与注意活动，创设为动物确认居住地的课堂教学情境，激活学生已知。教师充分利用学生已有的相关背景知识，让学生在图片、文字和教师的贴图示范中自然而然地理解新句型，感知其表达意义。在多媒体教学占据课堂主导的现代课堂中，很多教师用教学课件的动画效果取代了教具活动，虽然直观，但是这也剥夺了孩子"动起来"的权利。在本活动中，教师制作了4个居住地场景的大图，将图片摆放到教室的不同位置，让学生对动物居住地进行分类，使每位学生都能走下位置找一找、贴一贴、说一说，有趣的活动形式为学生创设了全员参与和探究主题意义的情境和空间，使学生获得积极的学习体验，成为意义探究的主体和结构化知识的建构者，对达成活动的知识目标和语言目标起到了决定性作用。

值得一提的是，在这种分类活动中，学生需要先通过学习理解类活动掌握基本知识，进而对所学知识进行分析和判断，属于应用实践类活动，这两类活动是交替进行的，这也恰好印证了课标中所阐述的:从学习理解类活动到应用实践类活动的进阶可以多次循环完成（《义务教育英语课程标准（2022年版）》）。而将本案例归为学习理解类活动，是因为案例书写侧重在前面的创设情境，使学生将已知和本课学习主题建立联系，引导学生获取与梳理知识，形成新的知识结构。

【可参考此活动的内容】

（1）食物分类。

（2）节日及其代表物分类。

（3）按季节将衣物分类。

（4）交通工具分类。

（成都市泡桐树小学　任超平）

案例6：Freeze

（冻结）

【教学内容】

绘本故事*Pig Wants a Bath*。故事发生在一个炎热的夏天，小猪想洗澡，但是没有水，希望有人能帮助它。它的动物朋友们（小鸭、小狗和小马）陆续带来不同容器盛满的水。

瓢虫：It's so hot.

蜗牛：Yes，very hot.

小猪：It's too hot! I need a bath! I want to have a bath，but there is no water. Who can help?

...

小鸭：I bring a cup of water.

...

小狗：I bring a pail of water.

...

小马：I bring a jar of water.

...

【教学活动】

案例年段	小学中段	预计活动时长	5～8分钟
活动目标	1. 在故事情境中，借助图片、道具、上下文情境等猜测新词 "a cup of / a pail of / a jar of water" 的含义。（学习理解） 2. 通过观察同伴表演及感知不同容器的体积，理解不同体型的动物会带来不同容器的水。（学习理解） 3. 通过表演和回答教师的提问，深刻理解语言的意义，并学习运用目标语言进行回答。（学习理解、应用实践）		
活动准备	1. 课件。 2. 道具：杯子、小桶、大桶、小罐子、大罐子、小盒子、大盒子。 3. 三角铁。		
语言技能	〔√〕听　〔√〕说　〔√〕读　〔√〕看　〔　〕写		
能力水平	〔√〕学习理解　〔√〕应用实践　〔　〕迁移创新		

◆◆ 实施步骤

1. 活动导入

教师在PPT上出示故事的情景：故事发生在一个炎热的夏天，小猪想洗澡，但是它没有水，希望有人能帮助它。教师提问：Who can help？请学生说一说。

教师根据学生的回答，进一步追问：How can they help？

教师通过概括学生的答案，引出 "They can bring water."。

教师顺势提出问题：How much water do they bring？然后陆续拿出大小各异的杯子、桶、罐子和盒子等道具，将其成列放在讲台上并介绍 " a cup of water" "a small pail of water" "a big pail of water" "a small jar of water" "a big jar of water" "a small box of water" "a big box of water" 等。

2. 活动示范

教师请一位学生上台，请他/她用肢体动作表演小猪的某位朋友为小猪送水（无道具）的过程。

教师敲响三角铁，发出口令 "Freeze！" 该学生听到口令则保持动作不变。

教师对该生提问：Who are you？学生回答：I am...（小猪的某位动物朋友）教师追问：How much water do you bring？同时教师引导学生根据自身体型大小选择道具，一边表演（带道具表演）一边说：I bring a...of water.

教师通过追问引导学生感知动物的体型大小和容器大小的关联，如"Can Duck bring a big jar of water？"。

3. 集体活动

教师请学生自行选定角色，并思考该角色会选择何种容器送水及如何表演。

全班起立表演送水过程，教师择机敲响三角铁，说"Freeze！"，全班被"冻住"，教师任选一位学生，请大家观察他的动作，猜测他表演的动物和送水的容器，教师向表演者提问：Who are you？How much water do you bring？

重复以上步骤，鼓励学生改进表演。

4. 效果评价

教师观察学生对容器大小的理解和认知，并根据学生需要给予指导和反馈。

教师观察学生的表演情况，鼓励学生大胆且有创意地表现。

◆ **实施建议**

（1）教师告知学生表演时肢体动作要保持在安全范围内。

（2）表演活动现场生成性很强，教师要敏锐观察全班同学，以适时追问学生，帮助学生理解故事的发展。

【活动评述】

"Freeze"是戏剧教育中的一种方法，我们将它用于绘本故事的教学中，让学生在表演中体验，在体验中感知。学生在本活动中观察道具形象，感知不同容器的体积，这是感知与注意的活动；学生阅读故事，了解不同动物朋友带来不同容器的水，这是获取与梳理的活动；学生表演和回答教师的追问，深度理解角色体型大小与容器大小之间的关联，这是概括与整合的活动。通过Freeze这种形式，学生不仅仅是简单的表演，还能表达自己对文本、角色、动作和道具等元素的内在联系的个性化理解。

【可参考此活动的内容】

（1）故事性较强的绘本。

（2）对正在进行的行为进行描述。

参考文献

樊波，商幼林，覃雨辰.悠游素养系列•戏剧坊•儿童故事剧1级Pig wants a bath［M］.北京：外语教学与研究出版社，2021.

（成都市草堂小学子美校区　尹晓星）

案例7： Order the Cards

（卡片排序）

【教学内容】

歌谣：

I like pears.

I like apples.

I like oranges.

I like bananas.

They are all good to eat.

【教学活动】

案例年段	小学低段	预计活动时长	6~8分钟
活动目标	1. 能理解、学唱关于水果的歌谣。（学习理解） 2. 能根据歌谣，在二人小组活动中将听到的水果进行排序。（学习理解）		
活动准备	每两位学生一套水果的卡片，包括梨、苹果、香蕉和橙子等水果。（卡片的一面是图片，另一面是相应的单词）		
语言技能	〔√〕听　〔√〕说　〔√〕读　〔√〕看　〔　〕写		
能力水平	〔√〕学习理解　〔　〕应用实践　〔　〕迁移创新		

◆◆ 实施步骤

1. 活动引入

教师拿出一个梨子，装作很开心地咬一口，然后说：I like pears.

25

教师走到黑板前，在黑板上贴着的几个水果单词的卡片中选出pear的卡片，贴在黑板中间。

教师在卡片pear前面板书"I like"，在后面用红笔板书"s"。

教师一边做比心的动作，一边读黑板上刚生成的完整句子"I like pears."。

教师拿出一个苹果，问全班学生：Who likes apples?

教师从喜欢苹果的学生中请出一位走到黑板前，引导这名学生从贴着的几个水果单词的卡片中选出apple的卡片，贴在卡片pear的正下方。

教师在卡片apple的后面用红笔添加上"s"，并引导这名学生和全班学生一起边做比心的动作边说句子"I like apples."。

重复前面的步骤，教师再分别拿出一个橙子和一个香蕉，请两位学生先后在黑板上完成相应的句子"I like oranges."和"I like bananas."，然后全班一起练习说句子。

教师把写好最后一句歌词的纸条贴在黑板最下面，完成整个歌谣的呈现。

板书设计如下图所示。

教师双手竖起大拇指说出歌谣的最后一句歌词"They are all good to eat."并引导学生跟读。

2. 全班活动

教师取下黑板上刚才贴的水果的单词卡片说：Now，let's play a game. It's

your turn to order the cards.

请学生两人一组拿出他们的水果卡片，使图片的一面朝上，告诉他们游戏的内容是听歌谣给卡片排序。

教师播放歌谣录音，歌谣内容为：

I like pears.

I like apples.

I like oranges.

I like bananas.

They are all good to eat.

请学生与同伴合作，根据听到的歌谣内容，在课桌上给水果卡片排序。

学生完成后，请全班学生按照他们的排序说一遍歌谣，在学生说的过程中，教师把相应的水果教学卡片按照顺序贴在黑板上。

请学生根据黑板上教师的贴图顺序核对他们的图片排序是否正确。

排序完全正确的学生举手向老师示意。

教师再次播放歌谣，学生跟读歌谣录音，并在教师的引导下边做动作边说歌谣，重点模仿歌谣的语音和节奏。

3. 活动拓展

告诉学生接下来将会播放水果顺序不一样的歌谣，请两人进行小组合作，根据新歌谣给水果卡片排序。

教师播放事先剪辑过的改了顺序的歌谣（也可以由教师演唱改过顺序的歌谣），请学生给水果卡片排序。

教师用PPT出示答案，请学生核对他们的排序是否正确。

排序完全正确的学生举手向老师示意。

全班再一起边做动作，边有节奏地说唱一遍新排序后的歌谣。

请学生把卡片翻转到是单词的一面。

播放另一个剪辑变换过顺序的歌谣，请学生用水果单词的卡片进行排序。

教师请一组排序正确的学生到黑板上来选取单词卡片贴出答案，请其他学生核对他们的答案，答案完全正确的学生举手向老师示意。

全班一起边做动作，边有节奏地说唱一遍新排序后的歌谣。

4. 效果评价

教师观察学生在音乐中对词卡进行排序的情况，判断学生对歌词的理解，发现问题并及时提供帮助。

◆ **实施建议**

（1）教师在学生两人小组听歌谣给卡片排序时，要进行整个教室的巡视，尽量使学生不说中文，并帮助学生按照要求完成任务。

（2）教师可以根据学生的具体学情，增加几种常见水果的卡片，如peach、grape、strawberry、lemon等，并将其加入后面的拓展活动中，可以增加游戏的难度，也是对学生知识的拓展。

【活动评述】

该活动为学习理解类活动，在这个活动过程中，教师通过引导学生一步步由浅入深进行歌谣的学习和说唱，帮助他们感知、理解语言材料，体会和明确歌谣的意义，并产生一定的语感。在常态的单纯歌谣说唱模式中，教师融入了有趣的任务：让学生与同伴合作，一边听歌谣一边为卡片排序。排序的过程是理解意义的外显表达，在活动过程中学生多种感官都参与其中，他们既要用眼睛看、用耳朵听，又要动嘴说、动手做，这种多感官参与的活动同时训练了学生听、说、读、看等多方面的技能，并帮助学生能更加深刻地理解、感知歌谣的意义。有趣的活动形式激发了学生参与的兴趣，使学生获得了积极的学习体验，能够有效地促进学生语言能力、思维品质、学习能力等的协同发展。

【可参考此活动的歌曲歌谣】

（1）颜色歌曲歌谣。

（2）动物歌曲歌谣。

（3）文具歌曲歌谣。

参考文献

吴欣，Larry Swartz，Beth Levy. 义务教育教科书英语（一年级起点）一年级上册［M］.北京：人民教育出版社，2013.

（成都市泡桐树小学　孟　乔）

案例8：Snacks

（美味零食）

【教学内容】

本活动教学内容为教师自行设计的snacks拓展活动，帮助学生认识日常生活中常见的零食名称（如下图所示）：bugles，lollipop，rice crackers，jelly beans，biscuit sticks，ladyfingers。

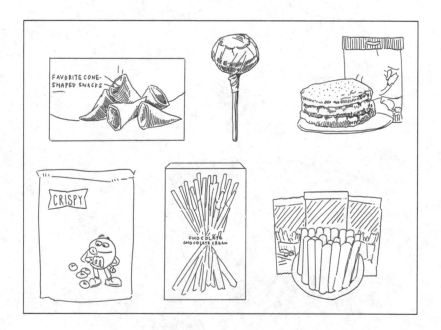

核心句型：What's this？ It's a/an...What are these？ They are...

【教学活动】

案例年段	小学低段	预计活动时长	8分钟
活动目标	1. 能在课堂语境中询问自己所抽取的零食的英语名称。（学习理解） 2. 能在听、说、读、看活动中，认识生活中常见零食的英文名称。（学习理解）		
活动准备	1. 零食实物。 2. 零食单词卡片。 3. 大盒子一个。		
语言技能	〔√〕听 〔√〕说 〔√〕读 〔√〕看 〔 〕写		
能力水平	〔√〕学习理解 〔 〕应用实践 〔 〕迁移创新		

◆◆ 实施步骤

1. 活动导入

教师播放英语歌曲，学生拍手跟唱（这首歌学生已非常熟悉，相当于中文童谣《点兵点将》）。

Eeny Meeny Miny Moe. Catch a tiger by the toe.

If he hollers let him go. Eeny Meeny Miny Moe.

用PPT出示一些食物（预估学生能够用英文表达的），教师询问：What's this? /What are these? 请学生做出相应的回答：It's a/an.../ They are... 教师在学生回答时将核心句型贴在黑板上。

2. 活动过程

教师拿出装有零食的实物盒子（内装小包装的bugles，lollipop，rice crackers，jelly beans，biscuit sticks，ladyfingers等学生常见，但不知道英文表达方法的零食），请学生听教师指令并开始传递盒子。

学生齐唱*Eeny Meeny Miny Moe*，唱到第一段结束，教师说"Stop!"。

此时手持盒子的学生任意取出其中一种零食，观察包装内为单数食物还是复数食物并询问：What's this? /What are these? 知道答案的学生可以回答：It's a/an.../ They are...

若全部学生都不会表达，则由教师向全班展示该零食并进行回答。

请学生根据音、形识别与零食相匹配的单词卡片（已事先贴于黑板一角），并请一名学生将卡片放在相对应的核心句型下面（可引导全班进行问答）。

学生继续传递盒子并唱Eeny Meeny Miny Moe，每唱一小段后暂停，手拿盒子的学生随机抽取盒子中的一种零食并询问其英文名称，重复以上步骤，直至零食抽取完毕。

3. 活动拓展

（1）教师将零食全部摆放于讲台，请学生说出其中最喜欢的三种零食的英语名称。

（2）四人小组交流自己喜欢的零食，找到有相同零食爱好的同学，相互击掌或拥抱。

4. 效果评价

（1）教师观察学生能否根据零食实物正确进行询问，并给予学生一定的指导和帮助。

（2）教师观察学生是否能根据实物说出零食词汇，指认单词卡片，判断他们对新词汇音、形、义的掌握情况，并及时调整教学活动。

◆◆ **实施建议**

（1）本课为拓展内容，可在延时服务或兴趣课堂进行拓展教学。

（2）选定的零食应为学生常见，但是不知道英文名称的零食。

（3）"点兵点将"的过程中要注意提醒学生保持安静，不能过于激动。

【活动评述】

该活动为学习理解类活动，帮助学生感知与理解常见零食的相关词汇。教师选取的零食多为学生常见、常吃，但不知道英文名称的零食，这就在学生已有知识经验和学习主题之间建立起了关联，使学生发现了认知差距，形成了学习期待。学生通过"点兵点将"的方式抽取盒子中的零食,想要知道这些零食的英语名称,自然而然要用相关句型进行问答,这样的设计就不同于常规词汇课中的"明知故问",让学习更有真实的意义。本案例仅展现了学生学习理解的过程,在学习理解活动之后,教师可以设计更多的运用实践活动,让学生进行描述与阐释、分析与判断、内化和运用的语言实践活动。

【可参考此活动的情境对话】

(1)有关文具词汇的情境对话。

(2)有关玩具词汇的情境对话。

(3)有关水果词汇的情境对话。

(成都市新都区蚕丛路小学校　廖方琼)

案例9：Guess and Confirm

（你猜对了吗？）

【教学内容】

语篇内容为四段配图短文，分别介绍了英国、加拿大、美国和澳大利亚的名胜及特色活动。

The UK is a small but beautiful country. You can go to the British Museum in London. It is over 250 years old. You can see Tower Bridge，a very famous bridge. You can also ride in the London Eye to see London from up high.

Canada has many beautiful mountains and lakes. It is a good place for hiking and fishing. The CN Tower in Toronto is very famous. You can go to the top of the tower to see the sunrise.

The USA is a big，beautiful country. Many children like going to Disneyland there. You can also visit the White House. It is in Washington. The President lives there.

Australia is a beautiful country. It has many beautiful beaches. You can swim in the sea and eat seafood on the beach. The Sydney Opera House is famous. Koalas and kangaroos live in this country. You can take photos of them.

译文：

英国是一个小而美丽的国家。你可以去伦敦的大英博物馆。它有250多年的历史。你可以去看塔桥，它是一座非常著名的桥。你还可以乘坐伦敦眼从高处俯瞰伦敦。

加拿大有许多美丽的山和湖，是远足和钓鱼的好去处。多伦多的加拿大国家电视塔非常有名，你可以去塔顶看日出。

美国是一个美丽的大国，许多孩子都喜欢去那里的迪斯尼乐园。你也可以去参观位于华盛顿特区的白宫，总统住在那里。

澳大利亚是一个美丽的国家，它有许多美丽的海滩。你可以在大海里游泳，也可以在海滩上吃海鲜。悉尼歌剧院也很有名。考拉和袋鼠生活在这个国家，你可以给他们拍照。

【教学活动】

案例年段	小学高段	预计活动时长	8~10分钟
活动目标	1. 能根据已有知识经验尝试将有关英国、加拿大、美国和澳大利亚四个国家的特色活动进行分类。（学习理解） 2. 能快速阅读，获取和梳理语篇关键信息，对比和更正自己原来的猜测。（学习理解） 3. 概括和整合四个国家的特色活动，并借助表格呈现结构化知识。（学习理解）		
活动准备	教学课件、和两人小组数量相等的任务单一、和全班人数相等的任务单二。		
语言技能	〔√〕听 〔√〕说 〔√〕读 〔√〕看 〔√〕写		
能力水平	〔√〕学习理解 〔　〕应用实践 〔　〕迁移创新		

◆ 实施步骤

1. 活动导入

PPT上依次呈现英国、加拿大、美国和澳大利亚的国旗，教师请学生说出四个国家的英语名称。

教师提问：What do you know about these countries? 引导学生根据已有的知识经验谈论与四个国家有关的文化知识。

2. 活动开展

教师梳理学生在前一个问题的回答中提到的城市、名胜古迹或特色活动，并对学生的回答给予肯定。

教师用PPT展示任务单一，请学生阅读任务单中的8项特色活动，二人小组合作，尝试猜测这些特色活动分别属于哪个国家，并将序号填写在相应的圆圈内（如下图所示）。

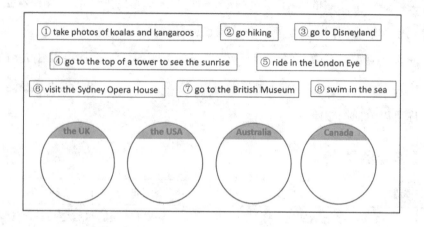

学生打开课本，快速阅读短文，提取相关信息，二人合作对任务单一进行修订。修订完成后，两人讨论并在短文中勾画出这些国家其他更多的特色活动。

学生拿出任务单二，同时在PPT上呈现任务单二中的表格，教师提问：What interesting activities can we do in the UK? 引导学生阅读短文第一段，概括文中的英国特色活动，并将短语填写在相应的空格中（如下图所示）。

What interesting activities can we do in these countries?

country	interesting activities
the UK	
Canada	
the USA	
Australia	

学生拿出任务单二，参照教师示例，阅读短文并自主概括、整合其他三个国家的特色活动，将短语填写在相应的空格中。

全班核对答案。

3. 活动拓展

学生选择一个最想去的国家，借助表格，描述自己想去的国家及想参与的活动。

学生在全班进行分享交流，找到想去同一个国家的伙伴，讨论在该国还可进行什么有趣的特色活动。

4. 效果评价

教师观察学生是否能根据已有的生活经验，完成任务单一，允许学生展开讨论，允许学生有不同的答案。

教师观察学生是否能获取语篇关键信息并对任务单一进行核对和修订。

教师观察学生在完成任务单二时，是否能参照教师示例进行知识的获取和梳理，完成表格填写。

◆◆ **实施建议**

（1）选择语篇时应注意，该活动要求学生对主题有一定生活经验的积累。

（2）本语篇中有的活动并非只能在一个国家进行，允许学生质疑，鼓励学生展开讨论。

【活动评述】

国家及其特色活动是学生熟悉的话题，那么应该如何调动学生的已有知识经验呢？教师提取了语篇中的一些特色活动，设计了猜一猜的活动，这个"猜"其实就是学生对已有知识经验的调动，并且"使学生在已有知识经验和学习主题之间建立了关联，发现认知差距，形成学习期待"，接下来，教师以"核对任务单一"为目标，请学生自主阅读语篇。这个"读"的时机也相当重要，读后设计的循序渐进的小任务也很重要。从教学设计的角度来说，"猜一猜"活动是一种铺垫、一种激发，学生的学习期待被激发了，后面的阅读活动就事半功倍。

完成任务单一需要学生进行快速阅读，完成任务单二则需要学生进行精读。教师引导学生获取与梳理知识，从语篇中获得与主题相关的文化知识，进行概括与整合，将信息填入表格，借助表格呈现结构化知识。

在这个学习理解活动中，教师没有"教知识"，他只是一个有条理的教学支架提供者，一个有情趣的课堂活动组织者……学习理解的过程，都是由学生自己完成的。

【可参考此活动的语篇】

（1）关于中国主要城市的地理位置与自然环境的语篇。

（2）关于节日及其文化体验的语篇。

（3）关于季节特征与变化、季节与生活的语篇。

参考文献

［1］吴欣，Larry Swartz，Beth Levy. 义务教育教科书英语（一年级起点）六年级上册［M］. 北京：人民教育出版社，2013.

［2］中华人民共和国教育部. 义务教育英语课程标准［M］. 北京：北京师范大学出版社，2022.

（成都市泡桐树小学　武 艺）

案例10：Find the Pronouns

（找代词）

【教学内容】

The Ugly Duckling

Once there was a mother duck，she was sitting on seven little eggs. One day，the eggs started to open. One by one，six little yellow ducklings came out of the eggs.

There was still one egg left. The mother duck sat on that egg again. Two days later，out came a duckling. But this duckling wasn't yellow. It was grey，and it had a long，thin neck.

The other ducklings didn't like the grey duckling. They didn't want to play with him. They said he was ugly. The little ugly duckling was sad.

Summer came. The ducklings all grew bigger，and the ugly duckling was the biggest. One day they went to a farm. A chicken bit him，and the farmer kicked him. The ugly duckling felt terrible.

The ugly duckling ran away. He went to the tall grass by the lake to live by himself. He felt lonely every day.

Autumn came. The ugly duckling got bigger and bigger. He swam by himself every day. So he got stronger，too.

Then winter came. It was very cold，and there was ice on the lake. The ugly duckling had no one to keep him warm. He felt very cold.

Finally，spring came. One day，a little girl came to the lake with her mother. "Look at the swan，" she said，"It's beautiful!" The ugly duckling looked at himself in the water. He wasn't a duckling. He was a swan，a white swan with a long neck. He wasn't ugly. He was beautiful!

译文：

丑小鸭

曾经有一只鸭妈妈，她正坐在七个小蛋上。有一天，蛋开始裂开，六只小黄鸭一个接一个地破壳而出。

还剩下一个蛋，鸭妈妈又坐在那个蛋上。两天后，一只小鸭出来了。但是这只小鸭不是黄色的。它是灰色的，而且脖子又细又长。

其他的小鸭们不喜欢这只灰小鸭。他们不想和他一起玩，他们说他很丑。丑小鸭很伤心。

夏天到了，小鸭子们都在不断长大，丑小鸭是最大的。有一天，他们去了一个农场，一只鸡咬他、农夫踢他，丑小鸭感觉很糟糕。

丑小鸭跑着离开了他们，他到湖边的高草丛里独自生活，他每天都感到孤独。

秋天到了，丑小鸭变得越来越大。他每天自己游泳，所以他也变得更加强壮。

冬天到了，天气很冷，湖面上结了冰。没有人给丑小鸭取暖，他感到非常地冷。

终于，春天到了。有一天，一个小女孩和她的妈妈来到湖边。"看这只天鹅，"她说，"它真漂亮!" 丑小鸭在水里看着自己。他不是一只小鸭子，他是一只天鹅，一只长着长脖子的白天鹅。他不丑，他很漂亮!

【教学活动】

案例年段	小学高段	预计活动时长	8分钟
活动目标	1. 能运用扫描式阅读法，快速找出故事中的人物。（学习理解） 2. 能运用扫描式阅读法，快速找出故事中的代词。（学习理解） 3. 能判断代词所指代的人物，建立信息间的关联。（学习理解）		

续 表

活动准备	教学课件；任务单，准备数量为班级人数的一半。
语言技能	〔√〕听 〔√〕说 〔√〕读 〔√〕看 〔√〕写
能力水平	〔√〕学习理解 〔 〕应用实践 〔 〕迁移创新

◆◆ **实施步骤**

1. 活动引入

教师告知学生今天学习的是丑小鸭的故事，请学生谈一谈对这个故事的了解。

2. 活动过程

学生运用扫描式阅读法，在文本中快速找出故事中的人物。教师根据学生的回答，将人物图片贴至黑板上。

学生运用扫描式阅读法，在文本中快速找出故事中的代词，并进行回答。教师根据学生的回答，将代词填至任务单中（PPT呈现，如下图所示）。

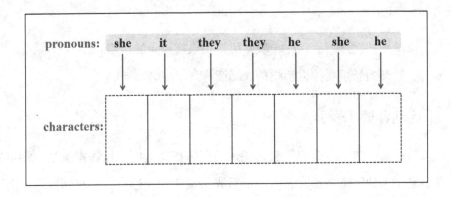

学生在教师的指导下，梳理文本第一段，教师问：What does she refer to in the first paragraph? 学生答：She refers to the mother duck. 学生将she所代表的mother duck写在任务单中（学生可以自行选择画图或写出人物，如下图所示）。

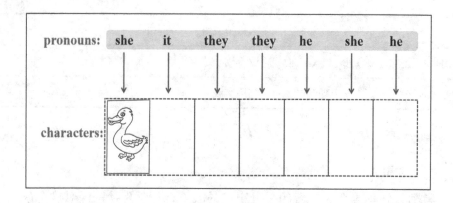

学生仔细阅读全文，梳理代词和人物之间的关联，将代词所代表的人物写在任务单中。

3. 效果评价

教师观察学生是否能快速、准确地找到相应人物和代词。

教师观察学生是否能借助任务单的框架，准确梳理文本中代词和人物之间的关联，并根据学生的表现给予适当的指导和帮助。

◆◆ **实施建议**

（1）学生初次进行活动时，教师可选用人物较少的语篇。

（2）教师为学生具体讲解扫描式阅读法。

【活动评述】

扫描式阅读法是指带着问题，快速阅读，在文本中寻找答案或某一特定的信息。采用这种阅读方法时，我们的目光会很快地扫过页面，直到发现所需要的信息，再停下来仔细阅读这部分。

在本活动中，教师设计了两次扫描式阅读活动，第一次是让学生找出人物，老师根据学生的回答将人物简笔画图片贴到黑板上并板书；第二次是让学生找出代词，填写在任务单中。此时，学生已经完成了对人物的感知与注意。接下来，学生需要仔细阅读，对文本内容进行初步理解，获取与梳理文本信息，将代词所代表的人物写在任务单中。至此，学生完成了本活动中的学习理解。教师并不急于核对答案，而是等待后续课程中语篇的全部学习理解活动完成后，请学生再回顾任务单，再次进行更正或确认。

【可参考此活动的语篇】

人物较为清晰的故事类语篇。

参考文献

吴欣，Larry Swartz，Beth Levy. 义务教育教科书英语（一年级起点）五年级下册［M］. 北京：人民教育出版社，2013.

（成都市泡桐树小学桐欣校区　叶焱萍）

案例11：Jigsaw Reading

（拼图阅读）

【教学内容】

Teddy's House

Teddy wants a house.

Teddy wants to build a house by himself. He has got an axe. He's going to cut some trees and build a house. He goes to the forest.

Spring is coming. It's warm. Teddy plays with butterflies. He doesn't cut the tree.

It is summer. It's very hot. Teddy goes fishing. He doesn't cut the tree.

It's autumn. It's cool. The leaves fall from the trees. Teddy plays with them. He doesn't cut the tree.

Winter is coming. It's cold. Teddy walks in the snow. He doesn't cut the tree.

Teddy sleeps in a tree hole.

译文：

泰迪的房子

小熊泰迪想要一座房子。

泰迪想自己亲自修一座房子。他拿了一把斧头。他要去砍一些树来修房子。他来到森林里。

春天来了。天气很温暖。泰迪和蝴蝶一起玩耍。他没有砍树。

夏天到了。天气很热。泰迪去钓鱼。他没有砍树。

秋天到了。天气很凉爽。树叶从树上落下。泰迪玩起了树叶。他没有砍树。

冬天来临了。天气非常寒冷。泰迪走在雪地里。他没有砍树。

泰迪住进了一个树洞里。

此语篇内容为关于季节话题的一个拓展阅读。

核心词汇：spring，summer，autumn，winter，warm，hot，cool，cold，cut the tree，axe，leaves等。

核心句型：It's _____.（季节）It's _____.（天气）Teddy _____.（做活动）

【教学活动】

案例年段	小学中段	预计活动时长	10～15分钟
活动目标	1. 在看、听、说活动中，获取与梳理故事中小熊Teddy在某个季节进行的活动并提取关键信息，完成结构化表格。（学习理解） 2. 在拼图阅读中，能通过主动提问、交流表达获取信息，整合故事中四个季节的完整信息。（学习理解）		
活动准备	准备分组活动的A、B、C、D题单，题单数为班级人数1/4。		
语言技能	〔√〕听　〔√〕说　〔√〕读　〔√〕看　〔√〕写		
能力水平	〔√〕学习理解　〔　〕应用实践　〔　〕迁移创新		

◆◆ 实施步骤

1. 活动导入

教师带领学生阅读封面和第一段，了解Teddy的计划。

教师向学生介绍拼图阅读法的名称Jigsaw Reading，并告诉他们今天要用这个方法来阅读故事的主体，了解Teddy是否建造了自己的房子。

2. 活动开展

教师把每4名学生编为一组，构成若干个"本组"（Home Group）。

教师把要阅读的故事的主体部分分为"spring，summer，autumn，winter"4

个部分，给"本组"中每个学生分发不同的题单，让他们阅读不同的部分并完成题单中对应部分的表格。

Read and finish line 1 then discuss in the expert group and confirm the answers. Finally, return to the home group and share the words with others.
(在本组中独立阅读左边的段落完成表格第1列；然后在专家组中讨论并确认填写是否正确；最后回到本组，将重点信息分享给其他同学，同时根据其他同学的描述完成另外3列表格。)

sheet A—spring

Spring is coming. It's warm. Teddy plays with butterflies. He doesn't cut the tree.

season (季节)		summer	autumn	winter
weather (天气)				
activity (活动)				
cut the tree or not (是否砍树)				

Read and finish line 2 then discuss in the expert group and confirm the answers. Finally, return to the home group and share the words with others.
(在本组中独立阅读左边的段落完成表格第2列；然后在专家组中讨论并确认填写是否正确；最后回到本组，将重点信息分享给其他同学，同时根据其他同学的描述完成另外3列表格。)

sheet B—summer

It's summer. It's very hot. Teddy goes fishing. He doesn't cut the tree.

season (季节)	spring		autumn	winter
weather (天气)				
activity (活动)				
cut the tree or not (是否砍树)				

Read and finish line 3 then discuss in the expert group and confirm the answers. Finally, return to the home group and share the words with others.
(在本组中独立阅读左边的段落完成表格第3列；然后在专家组中讨论并确认填写是否正确；最后回到本组，将重点信息分享给其他同学，同时根据其他同学的描述完成另外3列表格。)

sheet C—autumn

season (季节)	spring	summer		winter
weather (天气)				
activity (活动)				
cut the tree or not (是否砍树)				

It's autumn. It's very cool. Teddy plays with leaves. He doesn't cut the tree.

Read and finish line 4 then discuss in the expert group and confirm the answers. Finally, return to the home group and share the words with others.
(在本组中独立阅读左边的段落完成表格第4列；然后在专家组中讨论并确认填写是否正确；最后回到本组，将重点信息分享给其他同学，同时根据其他同学的描述完成另外3列表格。)

sheet D—winter

season (季节)	spring	summer	autumn	
weather (天气)				
activity (活动)				
cut the tree or not (是否砍树)				

It's winter. It's cold. Teddy walks in the snow. He doesn't cut the tree. He has no house.

　　在学生读完之后，组建"spring，summer，autumn，winter" 4个"专家组"（Expert Group）（所有阅读spring的学生一组，成为"spring专家组"，以

此类推）。专家组针对各自阅读的内容进行讨论、交流、查漏补缺并核对任务单。

解散专家组，让学生回到本组，按spring，summer，autumn，winter的顺序进行问答交流，通过主动提问获取缺失的信息，完成文本理解和结构梳理任务。讨论时，可以采用"金话筒"发言法。老师给每组一个道具"金话筒"。老师说：请spring组同学拿着金话筒，其他组员提问，spring组同学汇报刚才的阅读成果，计时1分钟。同样利用上述问题，所有同学一边问答，一边完成表格，梳理出"季节—天气—活动—小熊是否砍树"的逻辑结构。然后依此类推，谁拿着金话筒谁就可以说话，直到每组的4名同学都汇报完。

4分钟后，全班共同反馈检查，并在黑板上梳理出"季节—天气—活动—小熊是否砍树"的逻辑结构，同时关注这个过程中小熊的心情变化及原因。

3. 效果评价

教师观察学生是否能在自读阶段理解文段大意，提取关键信息，并完成表格填写，并根据学生的情况给予学生必要的提示和指导。

教师观察学生能否参与互动和交流，在问答交流中是否能主动提问，获取未读内容的相关信息，并根据学生的表现给予学生指导和鼓励。

◆◆ **实施建议**

（1）教师在进行拼图阅读时选材很重要，并不是所有文本都适合该阅读模式。拼图阅读适合在文章中有多段平行的结构存在时，或文章比较长、比较多，但是时间又不够，无法在短时间内使每个人都能读完大段的阅读材料的时候使用。

（2）拼图阅读的文章不宜选择太难，否则学生很难进行独立阅读，应保证学生认识文中90%~95%的字。

（3）本活动为简化版拼图阅读，经过训练，学生可进行本组成员自读部分文本—专家组深度共读完成小任务—回到本组交流学习，合作完成大任务的完整拼图阅读活动。

（4）建议教师分组时使每组学生的阅读水平存在差异，比如每组都有低、中、高三种阅读水平的学生。

（5）"金话筒"发言法可以确保4分钟内全班所有人都有发言和交流的机会，避免出现有人说话、有人不说话、有人说得多、有人说得少的问题。

【活动评述】

拼图阅读是拼图游戏在阅读教学中的迁移，是一种基于文本的合作阅读模式。教师让小组内每一个成员阅读不同的部分，并在不同小组同一部分组成的"专家组"进行深入学习后回到本小组，交流各自学习的部分。拼图阅读将任务细化到每一位学生，使每位学生都需要完成各自阅读任务、答疑任务和解答任务，真正做到全员参与。

在拼图阅读活动中，通过自读或听取同伴的表达能培养学生理解文本并获取文中重点信息的能力；通过让学生观察、思考以及连结重点信息并准确表达，培养他们感知与梳理文章所要表达的含义的能力；通过学生在专家组深入讨论，培养他们概括与整合的能力。如本案例中通过让学生在本组中自读文段初步感知小熊在某个季节的某种天气情况下的行为，提取文段中有关季节、天气和行为的关键词填入表格，培养其理解和获取文中重点信息的能力；通过让学生在专家组中深入讨论，运用关键词结合语言结构，如"It's _____.（季节）""It's _____.（天气）Teddy _____.（做活动）""Teddy is _____.（情绪）"，真实、准确地表达自己的理解及观点，培养他们梳理、概括的能力；最后让学生回到本组中交流讨论，整合四个季节的完整信息，深入思考季节和天气的特点，四季不同的天气情况下小熊不同的行为，小熊选择的活动行为和季节、天气的关系，继而引发其进行深层次思考：计划与实际之间的差异、产生差异的原因、学生面对"应做"和"想做"时如何选择等问题，培养他们梳理、概括和整合的能力。

本活动采用不断变换分组的形式使学生在所有环节都需要完成不同的任务。活动采用"自读理解—共读讨论—问答补全"的模式，有助于学生针对缺失信息既有各自完成题单的独立理解、获取信息完成任务环节；亦有主动提问，运用信息差真实交流，相互交换信息的合作理解、梳理环节；还有集中汇报的真实表达及互相帮助、检查环节。活动形式新颖，个体参与性强，避免了学生由于理解不到位或注意力分散而导致教学流于形式。

【可参考此活动的语篇】

（1）相对平行或渐进段落的语篇。

（2）比较长的语篇。

（3）相同时间段有对比反差情节的语篇。

（成都蒙彼利埃小学　樊筱琴）

案例12：Stand Up Syllable Stressed

（合作来拼读）

【教学内容】

12个月份英文的发音、音节划分及其重音。

核心词汇：January，February，March，April，May，June，July，

August，September，October，November，December。

【教学活动】

案例年段	小学高段	预计活动时长	8～10分钟
活动目标	1. 在拼读中感知音节是单词发音的基本单位。（学习理解） 2. 初步感知音节的划分，能在拼读单词时找出单词中的重读音节。（学习理解）		
活动准备	几套A4纸大小的12个月份的单词卡、马克笔、三把椅子（放在讲台上）。		
语言技能	〔√〕听 〔√〕说 〔√〕读 〔√〕看 〔√〕写		
能力水平	〔√〕学习理解 〔 〕应用实践 〔 〕迁移创新		

◆◆ 实施步骤

1. 活动导入

教师在PPT上出示当年的日历、动画，使其依次呈现12个月份的录音和英文拼写，学生跟读。

教师提问：When is your birthday？学生根据自己的实际情况回答：My birthday is on...

2. 活动示范

教师板书1月份January单词至黑板，说：How many syllables does January have? 教师缓慢地朗读 January，让学生感知January的音节为三个。

教师提问：Who would like to try to divide the syllables of January? 分别请1～2名学生上讲台尝试用粉笔画出January的音节。

根据学生情况，教师改正或肯定学生的音节划分，追问：Yes，January has 3 syllables. And which syllable is stressed? 教师可用右手拳头撞击左手手心，朗读stressed让学生学会找重音的方法。也可继续示范重音在第一个音节January，在第二个音节January，第三个音节January，呈现出January三个音节重音不同的三种读音。引导学生发现重音在第一个音节上。

教师说：Please show me which syllable is stressed，1，2 or 3?

教师用手引导学生用1、2、3根手指来表达自己认为的答案。

教师说：Yes，the first syllable is stressed. 教师用正确读音读一遍，并在板书中的单词上在第一个音节上画上圆点，示意重音位置。

教师提问：I need 3 students to read the word together. Who would like to come and try? 教师请三名学生上讲台坐在椅子上，一人读一个音节，重音的学生需要站起来，非重音部分的学生坐着朗读，合作完成整个单词的读音。教师鼓励3名学生，让他们合作朗读的速度越来越快，说：Can you do it faster?

3. 小组活动

四人小组组长上台领取3～4张不同月份的卡片和一支马克笔，回到组内进行音节划分和标注出重音位置，并在组内进行合作读词的练习。

教师现场巡视并给予学生帮助。

最后依次请各小组上台参与展示。

4. 效果评价

教师观察学生能否根据读音划分音节，并根据学生需要对学生进行指导或帮助。

教师观察学生能否通过试读确认重读音节，并根据学生需要对学生进行方法指导。

◆◆ **实施建议**

（1）教师在学生合作划分重音时，巡视并留意学生书写内容，对于抽到May，June的组给予帮助，这两个单词只有一个音节，告知学生只需要选择组内一名学生上台朗读即可。

（2）小组活动后，教师需要将12个月份的卡片回收并贴于黑板，带领全体学生朗读12个月份名称，同时用手势辅助学生发音，重音时手向上。

【活动评述】

该活动为学习理解活动。新课标在语音知识一级的内容要求中指出"体会单词的重音"。本活动改编自英国小学课堂游戏，通过有趣的小游戏让学生去感知12个月份的名称的音节划分，并在拼读单词时找出单词中的重读音节。学生在活动中需要"听"月份的名称，感知每一个月份单词的音节数量以及其重音在单词中所处的位置。在小组活动中，组内学生合作，在分到的单词卡片上使用马克笔划出音节以及其重音位置，还需要合作"读"出月份的名称，负责读重音部分的学生需要起立。在活动中学生"听"和"读"的能力得到较好地训练。学生因为要合作"读"词，所以能看到每一位孩子的头脑和身体都行动起来，在主动思考和欢声笑语中获得积极的学习体验。此外，学生在完成任务时通过有趣的游戏不仅掌握了各月份的发音，更加深了对12个月份的记忆，对其后续的学习起到了促进作用。

需要特别注意的是，新课标指出语音和语义密不可分，应将语音的学习放到语篇中进行，因此该活动仅可以作为学习音节划分和重音的强调性小活动，切不可占用过多教学时间。

【可参考此活动的内容】

有3个及以上音节的词汇。

（成都市泡桐树小学天府校区　李　瑶）

第二章

应用实践案例

案例1：I Spy. I Spy. I Spy with My Little Eyes

（大发现）

【教学内容】

询问颜色的句型：

What colour is it?

It is black/white/red/yellow/blue/green/brown.

描述物品颜色的句型：

The... is black/white/red/yellow/blue/green/brown.

【教学活动】

案例年段	小学低段	预计活动时长	5~8分钟
活动目标	1. 能在语境中询问、回答物品颜色。（应用实践） 2. 能听懂教师的活动指令，在教室中寻找相应颜色的物品，并能进行描述。（应用实践）		
活动准备	学生身着自己喜欢的日常服装（不穿校服）。		
语言技能	〔√〕听 〔√〕说 〔√〕读 〔√〕看 〔 〕写		
能力水平	〔 〕学习理解 〔√〕应用实践 〔 〕迁移创新		

◆◆ 实施步骤

1. 活动导入

教师在教室中任选一件物品（颜色为在前一课时中学习过的black，white，red，yellow，blue，green，brown），和学生进行问答活动：What colour is it?

It is...

学生两人一组，用文具、衣物等进行问答。

2. 活动示范

教师带领学生边拍手边说口令：I spy，I spy，I spy with my little eyes.

教师发出指令：I spy something red.

学生就近寻找红色的物品（举起物品或指向物品），说：It's red.

请几名寻找正确的学生对物品进行描述：The... is red.

教师变换颜色发出指令，重复上述步骤。

3. 小组活动

以四人小组为单位，各小组商量选择一位小老师发指令，其余同学寻找相应物品并说出颜色。

换一位小老师重复以上活动。

4. 效果评价

教师观察学生寻找对应颜色物品的情况，根据学生的表现及时进行反馈。

教师观察学生能否正确描述物品颜色，必要时给予学生提示和指导。

◆ **实施建议**

（1）可用教室内桌椅、装饰物、学生的衣物、文具等作为活动对象。

（2）提醒学生活动时要就近寻找，尽量不离开座位。

【活动评述】

本活动在学习理解类活动后进行，学生在前面的学习中已经能够掌握常见颜色的问答。教师充分挖掘教室中的教学资源（桌椅、装饰物、衣物、文具等），在真实语境中用I spy的活动形式开展有意义的语言内化和运用活动。为将寻物活动与语言活动有机结合，教师设定了规则：找到物品后需用"It is black/white/red/yellow/blue/green/brown."或"The... is black/white/red/yellow/blue/green/ brown."对物品颜色进行描述。本活动是一个真实、高效、有趣的应用实践活动，学生的参与度高，表达真实、流畅。

【可参考此活动的内容】

（1）常见的动物。

（2）常见的交通工具。

（阿坝州马尔康市第二小学校　周莉群）

案例2：Let's Make Ten!

（凑十活动）

【教学内容】

教学内容为孩子们在动物园与动物饲养员的一段对话，内容如下：

—How many birds are there?

—Nine.

核心词汇：one，two，three，four，five，six，seven，eight，nine，ten。

核心句型：How many... are there?

【教学活动】

案例学段	小学低段	预计活动时长	10～15分钟
活动目标	1. 能与同伴合作，自制活动卡片。（应用实践） 2. 能运用核心句型，找到合适的卡片，完成"凑10"活动。（应用实践）		
活动准备	教学课件；每两人一张卡片，正面为英文数字单词，背面为空白。		
语言技能	〔√〕听　〔√〕说　〔√〕读　〔√〕看　〔　〕写		
能力水平	〔　〕学习理解　〔√〕应用实践　〔　〕迁移创新		

◆◆ 实施步骤

1. 活动导入

学生两人一组，拿出一张卡片，卡片正面写有英文单词ten，背面为空白。

教师用PPT出示五种动物的简笔画图片：小鸟、小猫、小狗、猴子和老虎。

在教师的帮助下，学生两人合作在卡片背面画上一种动物，数量为10个。教师提醒学生卡片虚线位置不能作画。以下为数字活动卡片示例：

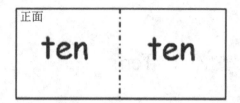 

学生将画完的卡片（比如画了10只小鸟）交给组长，组长提问：How many birds are there? 两人一起回答：Ten! 组长核实动物个数，正确则将卡片沿虚线撕开，放入盒子中，如果错误则退回令其改正。各大组全部完成卡片后，组长将盒子交给教师确认，然后放在该组第一排的桌子上。

2. 活动示范

教师走到第一大组，在第一大组的盒子里抽取一张卡片，其他卡片随机发放给该组学生。

教师举起手上卡片，展示正面数字ten。教师接着展示卡片背面，有4只小鸟。教师找到一位持有小鸟卡片的学生，提问：How many birds are there?学生回答：Five。无法凑到10，因此教师继续寻找卡片背面画有6只小鸟的卡片。找到之后，教师请持有该卡片的学生起立，提问：How many birds are there? 该学生回答：Six! 两人核对数量并击掌以表示"凑10"成功。

3. 小组活动

全班分为四个大组，学生按大组开展活动。

组长将卡片随机分发给该组学生。

教师宣布活动开始，各大组学生下位，在本组范围内开展"凑10"活动。

"凑10"成功的两人击掌，并将卡片交给组长，组长给正确"凑10"的小组记分。

4. 效果评价

教师观察学生能否依据"凑10"原理作画，并根据学生情况给予学生适当提示和帮助。

教师观察学生开展活动时能否正确使用核心句型，掌握学生对语言的内化情况。

◆ **实施建议**

（1）卡片上画的内容可以根据教学内容变换。

（2）教师可以增加游戏难度，同时开展不同数字的凑数活动，如"凑20"等。

（3）如果课堂时间或条件有限，"凑10"活动也可以直接用手指完成。

【活动评述】

本案例中，教师设计了具有学科融合性的应用实践活动，引导学生基于已学的数字知识开展分析、运算、问答等多种有意义的活动，内化语言知识和学科知识，促使其知识向能力的转化。在活动中，学生与同伴合作，自制活动卡片并找到合适的卡片，运用核心句型进行真实交流，完成"凑10"活动。活动将英语和数学学科进行了有机融合，使知识相互渗透，促进学生核心素养协同发展。

【可参考此活动的内容】

（1）月份：Let's make a year.

（2）星期：Let's make a week.

参考文献

吴欣，Larry Swartz，Beth Levy. 义务教育教科书英语（一年级起点）一年级上册［M］.北京：人民教育出版社，2013.

（成都市泡桐树小学桐欣校区　余春平）

案例3：Draw a Monster

（画怪兽）

【教学内容】

语篇内容为一位男生扮演长着三个脑袋的monster，三位女孩对他进行描述，内容如下：

——It has three heads，but no arms.

——It has a body，two legs and two feet.

——It has brown hair.

核心词汇：hair，eye，arm，hand，head，body，leg，foot...

核心句型：It has...

【教学活动】

案例年段	小学中段	预计活动时长	5～8分钟
活动目标	1. 能听懂他人对怪兽的描述，获取关于怪兽身体部位数量和特征的信息并作画。（应用实践） 2. 能根据怪兽图片准确描述其身体部位。（应用实践）		
活动准备	八张A4纸。		
语言技能	〔√〕听 〔√〕说 〔√〕读 〔√〕看 〔 〕写		
能力水平	〔 〕学习理解 〔√〕应用实践 〔 〕迁移创新		

◆◆ **实施步骤**

1. 活动导入

播放monster英语儿歌动画，请学生拍手跟唱。

定格monster图片，引导学生描述怪兽身体部位：It has...

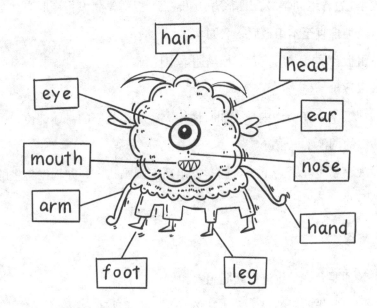

2. 活动示范

教师邀请几位学生上台排成一列，教师对站在台上的同学1说：There is a monster. It has three big eyes. 同学1根据听到的描述用粉笔在黑板上画出怪兽的相应部位，然后将粉笔递给身后的同学2，同时同学1需要对同学2发出画画指令，以此类推。

几位同学对黑板上的怪兽进行描述，每个人描述自己画的部位：There is a monster. It has...

3. 小组活动

每一列为一个小组，每组共同完成一幅怪兽画像。

给每组发放一张A4纸，教师为所有同学1发出画画指令：There is a monster. It has four ears.

同学1根据教师发出的指令画好相应的身体部位后，将画纸传给同学2，同时各组同学1为各组同学2发出指令：It has...（提醒学生发指令时身体部位不能重复）以此类推直至本组最后一名同学。

请各组上台展示并用核心句型描述本组怪兽。

4. 效果评价

教师观察学生在活动中是否能听懂指令、画出相应的身体部位，了解其关于身体部位的词汇掌握情况。

教师观察学生能否为下一位同学发出新的画画指令，并根据学生的表现给予学生必要的提示与指导。

◆ **实施建议**

（1）教师要允许学生进行大胆想象和创作。

（2）学生创作前后的口头描述是必不可少的活动环节。

【活动评述】

该活动为应用实践类活动，让学生在学习理解的基础上，运用所学语言合作完成绘制怪兽的任务。在活动中，有理解性的要求，学生需要听懂老师或前一位同学所描述的怪兽的身体部位、特征和数量，并迅速作画；有表达性的要求，学生需要向下一位同学描述自己想象的怪兽某个身体部位、特征和数量，小组汇报时需要向全班描述自己所画的身体部位。在理解与表达的多次循环中，学生从学习理解到运用实践的进阶也在循环进行。

【可参考此活动的主题】

（1）身边的事物与环境。

（2）常见的动物及动物的特征。

（成都市泡桐树小学　张 好）

案例4：Teacher Says

（我说你做）

【教学内容】

核心词汇：ear，nose，face，eye，mouth

核心句型：Touch your ...

【教学活动】

案例年段	小学低段	预计活动时长	3～5分钟
活动目标	1. 能够听懂指令 "Touch your ear/nose/face/eye/mouth." 并指出相应身体部位。（应用实践） 2. 能够根据活动规则发出不同指令并分辨参与者所做动作是否正确。（应用实践）		
语言技能	〔√〕听　〔√〕说　〔　〕读　〔　〕看　〔　〕写		
能力水平	〔　〕学习理解　〔√〕应用实践　〔　〕迁移创新		

◆◆ **实施步骤**

1. 活动导入

学生齐唱歌谣Look at my ...（ear，nose，eye，mouth，face）

2. 活动示范

教师讲解活动规则：当听到教师说 "Teacher Says，Touch your ear." 时，学生指自己的耳朵，指错身体部位者出局；当教师直接说 "Touch your ear." 时，学生不能做相应的动作，做出动作者出局，坚持到最后的学生为胜出者。

教师发指令，全班起立进行活动。

3. 小组活动

把学生分成4人小组，每组由1名学生来当小老师说指令，其余学生听指令并做相应的动作。

1分钟时间，统计各小组获胜的人数。

小组内其他学生依次当小老师进行活动。

4. 效果评价

教师观察学生是否能够听懂指令并做出相应动作，发现问题并及时为学生提供帮助。

教师观察学生四人小组活动情况，根据不同能力水平学生发指令或听指令做动作的情况，给予学生指导或鼓励。

◆◆ **实施建议**

（1）规则讲解时如有学生没有理解，可以全班演练几次活动，让学生在活动中理解规则。

（2）学生熟悉该活动后，可将Teacher Says 中的Teacher 替换为组内同学的名字或其他名字。

【活动评述】

该活动改编自经典游戏"Simon says"，很符合小学低段学生的年龄特点和学习能力水平。通过听指令、做动作，让学生在活动中用英语理解、表达和交流，让他们将注意力集中在语义上，而不仅仅只是关注语言形式。

在本活动中，还有一个很值得我们关注的教育观点是"边做边学"。有的学生在教师第一遍讲解规则时并没有完全理解，但我们并不是多讲一遍或者用中文翻译一遍，而是在全班开展活动。在开展活动的过程中，学生通过观察同伴、调整自我，逐步理解活动规则，从不理解到理解，从不熟练到熟练，这也是一种了不起的学习能力。

【可参考此活动的内容】

（1）动作类指令。

（2）方向类指令。

参考文献

吴欣，Larry Swartz，Beth Levy. 义务教育教科书英语（一年级起点）一年级上册［M］.北京：人民教育出版社，2013.

（康定中学实验小学　彭俊僖）

案例5：Four in a Hug!

（四人抱抱团）

【教学内容】

英文数字：one，two，three，four，five，six，seven，eight，nine，ten

【教学活动】

案例年段	小学低段	预计活动时长	3～5分钟
活动目标	能运用数字表达数量，在教师的指令下和同伴合作完成游戏。（应用实践）		
活动准备	数字英文歌曲		
语言技能	〔√〕听　〔√〕说　〔√〕读　〔　〕看　〔　〕写		
能力水平	〔　〕学习理解　〔√〕应用实践　〔　〕迁移创新		

◆ 实施步骤

1. 活动导入

教师播放数字英文歌曲，全班学生跟唱。

2. 活动示范

请出9名同学，让他们安静地站在讲台上，手上不拿任何物品。

教师播放英文歌曲，让同学慢慢地随意走动，不能触碰任何人。音乐暂停，教师说：Four in a hug! 这时，学生应该尽可能快速地组成4人一组，并抱成一团。

已经组成的4人小组，拥抱在一起大声说："Four." 或者 "We are four."。

教师带领全班同学数数One，two，three，four，核查抱团人员数量。

落单的1名学生不能继续参与活动。

剩下8名学生继续第二轮示范活动。教师播放音乐，让学生继续慢慢地走动，音乐暂停，教师说：Three in a hug! 这时，学生应尽可能快速地组成3人一组，并互相拥抱。

已经组成的3人小组，拥抱在一起大声说："Three." 或者 "We are three."。

教师带领全班同学数One，two，three，核查抱团人员数量。

未组成3人团的2名学生不能继续参与活动。

教师重复以上步骤，根据剩余学生的数量灵活确定指令。

3. 全班活动

教师播放英文歌曲，让全班同学安静地站起来，手上不拿任何物品，慢慢地在教室里走动，且不能触碰任何人。

音乐暂停，教师说：Eight in a hug! 这时，学生应尽可能快速地组成8人一组，互相拥抱，并大声说 "Eight." 或者 "We are eight."。

没能组成8人小组的学生回到座位，不能继续参加活动。

在回到座位的学生中抽取几位来发指令（教师给予指导）。

4. 效果评价

教师观察学生能否在听到指令后，迅速根据数字和其他同学组队，说出相应的数字表达，并根据学生需要给予学生指导和反馈。

◆◆ 实施建议

（1）根据教室的空间，确定每轮参加活动的学生人数，可以全班一起参加，也可以分批参加。如果条件允许，在户外活动更佳。

（2）活动也可以辅以单词卡片或者PPT，请学生根据看到的英文单词组队。

（3）在活动中，教师应关注学生组队情况，务必提醒学生拥抱时动作要轻柔，注意安全。

【活动评述】

　　该活动改编自体育课户外游戏，学生需要根据所听到的英文数字，迅速判断并与同伴合作完成游戏。教师在本活动中遵从学生年龄特点，让学生在动起来的活动中积极投入到语言学习中，内化数字1～10的英文表达。该活动如不便在教室内进行，也可以作为教师和学生的课间小游戏。教师要在小学低段设计一些生动有趣的语言游戏，让学生动起来，多感官参与活动，语言的内化迁移才能真正建构起来。

【可参考此活动的内容】

　　（1）根据衣着颜色分类的活动。
　　（2）根据服饰类型分类的活动。

（成都市泡桐树小学　康思梦）

案例6：Who is He/She?

（他/她是谁？）

【教学内容】

教学内容为两个孩子看人物海报并进行对话。

Who's she? She's... Who's he? He's...

【教学活动】

案例年段	小学低段	预计活动时长	5~8分钟
活动目标	1. 能在真实语境中区分he/she的不同用法。（应用实践） 2. 熟练运用句型"Who is he/she? He/She is..."进行问答活动。（应用实践）		
活动准备	一张较大的围巾（能遮住一名学生）。		
语言技能	〔√〕听　〔√〕说　〔√〕读　〔　〕看　〔　〕写		
能力水平	〔　〕学习理解　〔√〕应用实践　〔　〕迁移创新		

◆◆ 实施步骤

1. 活动导入

教师播放英文歌曲*Who is he?* 全班学生拍手跟唱。

教师板书歌曲核心句型：Who is she? She is...Who is he? He is...

2. 活动示范

教师播放音乐，请全班学生跟唱歌曲。

教师暂停音乐时，全班学生马上闭上眼睛并把头埋下。

教师走到学生中间，用围巾遮住其中一名学生，然后请其余同学睁开眼睛，猜测围巾下是哪一位同学。使用的句型如下：

Ss：A boy or a girl?

T：A girl.

Ss：Who is she?

S1：She is...

S2：She is...

3. 改进活动

教师提出疑问：有同学会根据位置来猜测人物，这太容易了，怎么加大活动难度呢?

听取同学们的意见后达成一致意见：为部分同学悄悄交换位置。

教师播放音乐，学生拍手跟唱，教师暂停音乐，学生闭眼并埋头。教师走到学生中间，悄悄请过道旁方便离座的3名同学互换座位，再用围巾遮住其中一位。

教师请同学们睁开眼睛，使用目标句型进行猜测活动。

4. 效果评价

教师观察学生能否在活动情境中运用核心句型进行正确问答，掌握学生对语言的内化情况。

◆◆ **实施建议**

（1）教师准备的围巾要足够大，能够完全遮住一名学生。

（2）教师暂停音乐时应注意学生是否全部闭眼并埋头，等全部学生埋头后再开始游戏。

（3）为了让猜测活动更加真实，教师应避免给学生调换座位时的声音、动作过大。

【活动评述】

在小学低段，互问姓名和询问他人姓名的对话都很容易被设计为"明知故问"的假活动，没有真实的信息差。教师在这个应用实践活动中，用了一张围巾解决了这个问题。在活动中，学生需要先确定"a boy or a girl"，再运用"Who is he？"或"Who is she？"询问。想要猜出是哪一位同学，需要学生进行观察、分析、排除和推断，然后再用"He is.../ She is..."进行表述。这样真实、愉快、生动的语言实践活动，是学生的最爱。

【可参考此活动的情境对话】

（1）"What's this？ It's..."等关于实物问答的情景对话。

（2）描述穿着的情景对话。

（成都市泡桐树小学桐欣校区　欧阳春利）

案例7：Mix the Colours

（混色活动）

【教学内容】

—What colour is it?

— It's yellow.

核心词汇：red，yellow，blue，green，black，purple，orange。

核心句型：What colour is it? It's...

【教学活动】

案例学段	小学低段	预计活动时长	10~15分钟
活动目标	1. 能正确运用核心句型，描述歌曲中出现的颜色。（应用实践） 2. 能在教师的帮助下开展两人小组活动，在实验前描述混色实验需要的颜料颜色，对混合后的颜色进行分析判断，并能够在实验后使用核心句型描述实验结果颜色。（应用实践）		
活动准备	1. 颜色卡片。 2. 教学课件。 3. 每两个学生一套红、黄、蓝液体颜料，一套彩色画笔，一张三原色涂色卡，厨房纸巾若干。		
语言技能	〔√〕听 〔√〕说 〔 〕读 〔√〕看 〔 〕写		
能力水平	〔 〕学习理解 〔√〕应用实践 〔 〕迁移创新		

◆ **实施步骤**

1. 活动导入

教师播放彩虹颜色儿歌视频，学生观看视频并跟唱。

视频播放结束，教师用PPT出示视频中的彩虹图片，并提问：Look at the rainbow. What colour is it? 学生仔细观察并回答：It's...。

如果学生回答正确，教师将相应颜色单词卡贴在黑板上，并请全班重复一遍。

2. 活动示范

教师用PPT出示三原色涂色卡（三原色的颜色交集的部分作透明色处理）并提问：What colour is it? 学生回答：It's red/ yellow/ blue. 教师告诉学生这是色彩三原色。

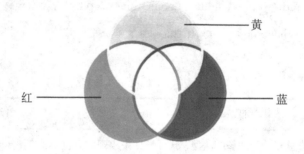

教师依次拿出蓝、黄两瓶液体颜料，提问：What colour is it? 学生回答：It's blue. It's yellow. 教师追问：What colour is it if I mix them together? 教师随机选择几个学生回答：Maybe it's...

教师打开投影仪，拿出一张厨房纸巾放在投影仪展示平台上，请刚才回答问题的其中一名学生上台近距离观看实验，其他学生可以通过投影看到整个实验过程。教师将黄色和蓝色颜料滴落在厨房纸巾的同一处，使所有学生可以看到黄色和蓝色混合后的实验结果。教师提问：What colour is it? 台上学生根据看到结果回答：It's green.

教师请台上学生将三原色涂色卡蓝色与黄色交集的位置涂成绿色，并再次提问全班学生：What colour is it? 全班回答：It's green.

3. 小组活动

教师请两名学生上台，进行红、黄颜色混合实验。学生A负责提问及开展实验，学生B负责猜测、观察及根据实验结果回答问题，并将颜色结果填涂在三原色涂色卡正确位置上，实验前对话如下。

A：What colour is it? （指着红色颜料）

B：It's red.

A：What colour is it? （指着黄色颜料）

B：It's yellow.

A：What colour is it? （指着涂色卡红、黄颜色交集的部分）

B：Maybe it's...

实验后对话如下：

A：What colour is it? （指着实验结果）

B：It's orange.

让学生B将三原色涂色卡红、黄颜色交集的部分涂成橙色。

全班开展两人小组活动，重复以上步骤，使学生通过实验找出红、蓝两色混合，红、黄、蓝三色混合的答案，并依据结果在三原色涂色卡正确位置上涂上相应颜色。实验前后学生要使用核心句型进行问答。

教师在全班巡视，为学生提供指导和帮助，给正确使用句型进行问答并能准确说出颜色、正确涂色的小组增加积分，三原色涂色卡标准答案如下。

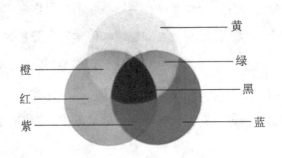

老师随机抽选两个小组在讲台展示实验结果，全班提问：What colour is it? 小组成员说出实验结果颜色：It's purple. It's black.

4. 效果评价

教师观察学生在混色实验过程中使用核心语言的情况，关注其使用语言是否正确，掌握学生对语言的内化情况。

教师观察学生在混色实验中是否能正确运用语言进行描述，关注学生语言内化是否与美术、科学常识同步发展，必要时给予学生指导和帮助。

◆◆ **实施建议**

（1）教师提前将实验需要的学具放在学生桌子上。

（2）在学生进行实验操作时，教师要巡视并留意学生对话内容，并根据学生的表现给予学生指导和反馈。

（3）教师提醒先完成实验的小组安静等待。

（4）因活动需要使用液体颜料，教师应注意学生安全。

（5）教师可以选几个学生作为小助手，给各组记分。

【活动评述】

本案例中，教师从发展学生核心素养出发，在学习理解类活动的基础上开展应用实践活动，引导学生基于已有的颜色知识开展描述、分析、判断和运用等多种有意义的语言实践活动，内化语言知识，促进其知识向能力的转化。教师围绕"Colours Mix"这一活动主题，创设有趣的科学实验情境，让学生在组内动手实验，自主探究，合作互助。英语教学不仅要重视"学什么"，更要关注学生是否"喜欢学"，以及是否知道"如何学"。颜色的相关知识对一年级的学生来说有一定难度，因此学生并不一定喜欢学。但他们的特点是乐于表达，喜欢涂画，动手能力极强。基于这一学情，教师巧妙设计三原色混色实验活动，"润物细无声"地将新知识融入真实的交流中，使学生达成预期的教学目标。

教师在活动实施过程中要转变角色，成为学生的帮助者和引导者，巡视关注学生实验情况，使活动有序、顺利地开展；引导学生认真做、仔细看、准确说，在交流中内化和运用目标语言，引导学生在活动中尝试与他人合作，共同完成任务，使学生的语言能力和科学素养得到同步提升。

【可参考此活动的内容】

需要动手实验的教学内容。

参考文献

中华人民共和国教育部．义务教育英语课程标准（2022年版）［M］．北京：北京师范大学出版社，2022.

（成都市泡桐树小学桐欣校区　余春平）

案例8：Super Kids

（全能王）

【教学内容】

情境对话内容为小朋友之间相互询问是否会做某事。

核心词汇：jump，dance，run，fly，climb，swim，fly a kite，play football，make a snowman...

核心句型：Can you...？ Yes，I can. /No，I can't.

【教学活动】

案例年段	小学低段	预计活动时长	5分钟
活动目标	1. 能熟练运用"Can you...？"提问，并能根据实际情况用"Yes，I can."或"No，I can't."进行回答。（应用实践） 2. 能在挑战活动中进行角色替换，问答交流。（应用实践）		
活动准备	核心词汇的单词卡片、活动示范视频。		
语言技能	〔√〕听 〔√〕说 〔√〕读 〔√〕看 〔 〕写		
能力水平	〔 〕学习理解 〔√〕应用实践 〔 〕迁移创新		

◆ 实施步骤

1. 活动导入

教师出示核心词汇的卡片（如fly a kite，swim等），请学生说出其英文表达含义并引导学生做出相应的动作。

教师拿出一张单词卡片，问：Can you swim? 学生根据自己的实际情况回答：Yes，I can. / No，I can't.

第一个学生回答完毕后，可随机横向或纵向抽取另一张卡片，询问第二位学生：Can you fly a kite? 第二位学生回答：Yes，I can. / No，I can. 依此类推进行问答接龙。

2. 活动示范

教师引出活动主题"Super kids"。

教师播放提前录好的游戏视频：一个学生上台参与挑战，台下学生提问Can you...? 参与挑战的学生根据自己的情况回答：Yes，I can. / No，I can't. 做出相应的动作（表明理解了同学的问题）。挑战学生能做5件事情就表明挑战成功，能成为一名super kid。教师在黑板上画出奖杯，将学生名字Korbin写在奖杯底座上，如下图所示。

教师说明游戏规则：对同一个挑战者不能重复问同样的问题。

3. 活动展示

教师请一位学生上台参与挑战全能王，其余学生举手提问：

S1：Can you fly a kite?

S2：Can you swim?

S3：Can you play football?

参与挑战的学生根据自己的实际情况，回答：Yes，I can. 并做出相应的动作；或回答：No，I can't.

挑战成功学生获得奖杯卡片（可自己写上名字）。全班齐说：You are a

super kid!

邀请更多学生参与挑战。

4. 效果评价

教师观察学生是否能全面、准确地提问，是否能根据自身实际进行答问活动，掌握学生对语言的内化情况。

◆• 实施建议

（1）为鼓励学生参与活动，只要上台挑战的同学教师都要给予表扬。

（2）如果遇到学生提出较难的问题，教师可以通过动作或语言对其进行解释。

（3）本活动也可在4人小组、6人小组或自然组进行，提高学生的参与度。

【活动评述】

该活动为应用实践类活动，通过挑战全能王这样一个有趣的形式来让学生练习对话，内化语言。在活动中，挑战的学生需要听懂问题并判断自己是否会做这件事情且要做出相应回答。同时，台下的学生需要提问，因问题不能重复，他们需要"挖空心思"想问题。为了"为难"挑战者，有的孩子还举一反三，自创短语，如"Can you make a plane? Can you climb a tree?"等，在无形中拓展、积累和运用了词汇。老师在活动过程中是场外组织者，只在需要时给予学生指导和帮助。在活动中，学生看起来很"忙"，教师看起来很"闲"，这就是我们最理想的活动效果。

【可参考此活动的语篇】

（1）科普类语篇，如"昆虫专家""两栖动物知多少"。

（2）检测故事类语篇理解情况的复习活动。

（3）有关颜色或文具的问答，如"色彩大师""文具达人"。

（甘孜州炉霍县新都小学　泽绒志玛）

案例9：Who Can Help Me?

（谁能帮帮我？）

【教学内容】

Jobs

—I am a taxi driver. I can take you home.

—I am a doctor. I can help sick people.

【教学活动】

案例年段	小学中段	预计活动时长	6~8分钟
活动目标	1. 能根据情景和线索对他人的描述进行分析和判断，匹配对应的职业。（应用实践） 2. 能描述自己选择扮演的职业 "I am a... I can..."。（应用实践）		
活动准备	每位学生一张空白卡片、教学课件。		
语言技能	〔√〕听　〔√〕说　〔√〕读　〔√〕看　〔√〕写		
能力水平	〔　〕学习理解　〔√〕应用实践　〔　〕迁移创新		

◆◆ 实施步骤

1. 活动导入

教师用PPT出示职业的人物图片和对应单词。

教师提问：What do you want to be? 学生根据自己的实际情况回答：I want to be a...

学生在空白卡片上书写自己的职业梦想。

2. 活动示范

教师用PPT出示情景，边表演边说：I am sick, I need an injection. Who can help me?

书写职业为nurse的学生起立展示卡片，并回答：I'm a nurse，I can help you.

教师呈现第二个情景：I want to build a house. Who can help me?

职业为worker的学生起立展示卡片，并回答：I'm a worker. I can build a house. I can help you.

3. 全班活动

参考教师示例，学生先自己想象、描述某种情境。

请学生上台描述情景（可辅以动作表演），台下学生根据描述判断自己的职业是否能为其提供帮助，如能则起立展示职业卡片并用语言进行表达。

4. 效果评价

教师观察学生能否参与互动和交流，观察学生完成匹配活动情况。

在全班活动时，教师观察学生能否参考示例，运用核心语言进行描述，根据学生的表现给予其必要的提示和指导。

◆◆ **实施建议**

（1）教师可补充一些孩子有可能选择到的常用职业。

（2）有的情境设计可以允许多种职业为其提供帮助。

【活动评述】

该活动为应用实践类活动，教师通过情境设计，帮助学生深入生活场景，运用语言理解其意义，在理解的基础上分析、判断出对应的职业，即便他人所描述的情境与手中的职业不匹配，学生也需要听懂描述，分析内容并判断得出不符合的结论。随着活动的推进，学生需要在归纳、整理核心语言的基础上，自行设计场景请同学进行猜测，这是极有挑战的思维活动和语言活动。

本活动既有学生基于结构化句型的描述与阐释，也有分析与运用等多种有意义的语言实践活动，在这些语言活动中学生的语言知识和文化知识得以内化。同时，在活动中我们通过观察不同层次学生的课堂表现，能感受到学生在活动中从理解到分析，从尝试运用到熟练运用的过程，即"从学习理解类活动到应用实践类活动的进阶，既可以一次完成，也可以多次循环完成"。

【可参考此活动的内容】

（1）常见的节假日。

（2）饮食与健康相关的语言活动。

（成都市泡桐树小学　欧阳萱）

案例10：Snap

（翻翻乐）

【教学内容】

语篇内容为两个小朋友谈论各自的宠物。

核心词汇：pet, rabbit, duck, dog, chicken, snake, big, small, long, short。

核心句型：—I have...

—What does it look like?

—It's.../ It has... /It can...

【教学活动】

案例年段	小学中段		预计活动时长		8～10分钟
活动目标	1. 能熟练、准确地运用句型"I have..."介绍自己所拥有的宠物。（应用实践） 2. 能熟练运用句型"What does it look like? It's... / It has... /It can..."交流、分享宠物的特征。（应用实践）				
活动准备	1. 两套画有宠物的教学卡片，包含rabbit, duck, dog, chicken, snake, turtle。 2. 学生自备和教师教学卡片相同的宠物小卡片。				
语言技能	〔√〕听　〔√〕说　〔　〕读　〔√〕看　〔　〕写				
能力水平	〔　〕学习理解　〔√〕应用实践　〔　〕迁移创新				

◆ **实施步骤**

1. 活动导入

教师用PPT出示不同动物的图片，请学生说说通常情况下哪些动物可以成为我们的宠物，如rabbit, duck, dog, chicken, snake, turtle等。

当学生说到相应宠物时，教师将卡片贴到黑板上。

2. 活动示范

教师将黑板上所有的宠物卡片翻面，使没有图案的空白面朝上，再把另一套宠物卡片的空白面朝上贴在黑板上，全部打乱顺序。

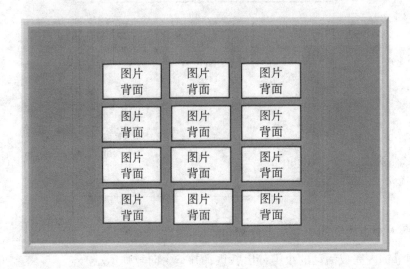

请一名学生上台和教师组成二人小组一起做游戏示范。

教师随机选择一张卡片进行翻转，呈现出卡片正面的宠物。

学生模仿教师任意翻转一张宠物的卡片，也呈现出卡片正面的宠物。

假设两张宠物图片一致，比如都是duck，则学生说I have a duck.

教师提问：What does it look like? 引导学生回答It's yellow. It's small. It has two wings. It can swim.（PPT呈现What does it look like? It's... / It has... /It can ...）

学生正确完成描述后可以获得这两张卡片。如学生无法正确完成描述，则由教师进行描述，描述正确者获得卡片。

教师和示范学生继续轮流翻转卡片，直到翻出两张相同宠物的卡片，重复进行问答活动。

教师告诉其他学生这个游戏的名字叫作snap（翻翻乐），当所有的宠物卡片都被取走后，游戏结束，两人中获得卡片数量最多的学生为获胜者。

3. 小组活动

教师用PPT出示可以帮助学生进行正确表达的主要句型和词汇（PPT内容如图所示），并提示学生可以使用这些核心语言进行表达。

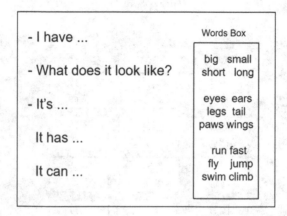

两人小组用宠物小卡片进行Snap活动，计时4分钟。

4分钟内完成活动的小组分出胜负，并举手向教师示意。

将小卡片物归原主。

4. 效果评价

教师观察学生是否能正确使用核心语言描述宠物，掌握学生对语言和信息的内化情况。

◆◆ **实施建议**

（1）教师可根据学生的具体学情，增加几种常见宠物的卡片，如cat，bird，fish，hamster等，对学生进行知识拓展，同时也可增加游戏难度。

（2）如教学目标为训练学生对动物单词的认读能力，教师可以把宠物图卡变成宠物单词卡。

【**活动评述**】

该活动为应用实践类活动，需要学生在归纳、整理之前学过的一些关于动物名称、特点描述等核心语言的基础上，借助相应的语言支架进行描述和阐释。教师用"Snap翻翻乐"的游戏形式，使该活动具备了新奇性和挑战性，能激起学生兴趣，使他们产生了强烈的参与欲望，充分激活了学生深层的学习动机。同伴竞争的评价方式又有效地激发了学生的表达热情，让学生在语言活动中内化结构化知识和关键语言，促进了其知识向能力的转化。

【可参考此活动的主题】

（1）季节及其特征。

（2）天气与日常生活。

参考文献

吴欣，Larry Swartz，Beth Levy. 义务教育教科书英语（一年级起点）三年级
上册［M］. 北京：人民教育出版社，2013.

（成都市泡桐树小学　孟　乔）

案例11：Grabbing Chairs

（抢椅子）

【教学内容】

学生描述自己当日的穿着。

核心词汇：

（1）常见衣物的词汇：socks，gloves，scarf，sweater，jacket，boots，glasses，pants，shirt，dress，T-shirt，skirt，shorts，jeans，shoes，sneaker，sweater，cap，mittens，stockings。

（2）常见颜色的词汇：white，black，red，yellow，blue，green，orange，brown。

核心句型：I am wearing white sneakers.

【教学活动】

案例年段	小学中段	预计活动时长	5~7分钟
活动目标	1. 能运用"I am wearing white sneakers."描述自己的衣着，表意清楚准确。（应用实践） 2. 能听懂他人的描述，并判断自己的衣物是否和描述者相同。（应用实践）		
活动准备	教学课件。		
语言技能	〔√〕听　〔√〕说　〔　〕读　〔√〕看　〔　〕写		
能力水平	〔　〕学习理解　〔√〕应用实践　〔　〕迁移创新		

◆◆ **实施步骤**

1. 活动导入

课前教师请两位学生描述自己当日衣着，并进行录音。

播放录音，请学生观察班级同学衣着，猜测说话者是谁。

2. 活动示范

教师告诉学生今天我们会做一个游戏，名字叫作：Grabbing chairs。

教师描述自己的某种衣物，如"I am wearing a black coat."询问：Who else is wearing a black coat? 教师环顾全班同学，引导同样穿着黑色外套的学生起立，并说：I am also wearing a black coat.

告诉学生，所有起立的同学需要立刻离开座位，找到一个新的座位。

教师也参与其中并抢到座位，没有座位的孩子站到讲台上。

3. 全班活动

教师请站在讲台上没有座位的孩子使用"I am wearing..."的句型对自己的某件衣物进行真实表述。

与该生表述一致穿着的孩子起立回答：I am also wearing...并离开座位去找新的空位置。

重复上述步骤。

4. 效果评价

教师观察学生能否根据活动示范领悟活动规则，允许学生在活动过程中逐步理解规则。

教师观察学生是否能描述自己的衣着，并根据学生情况给予学生必要的提示和指导。

教师观察学生是否能听懂他人的描述，并判断自己是否与其描述一致，根据学生情况单独对其进行提示（照顾出错同学的心理感受，尽量不在全班提醒）。

◆◆ **实施建议**

（1）教师要制定规则：抢椅子时只能快走，不能在教室内跑动，注意课堂安全。

（2）活动过程中可以将学习过的衣物卡片贴于黑板，描述过的卡片就取下来，避免描述重复的衣物类别。

【活动评述】

该活动为应用实践类活动。在活动中，学生需要描述自己穿着的服饰，其余同伴需要听懂表述，观察确认自己的衣着，并判断自己是否穿着相同颜色相同类型的服饰，是否应当去进行"抢椅子"的活动。"抢椅子"只是给学生活动中添加的调味料，我们实际的活动目的，是在学习理解类活动的基础上，引导学生进行真实的描述、分析、应用等课堂语言活动，使其在活动中内化语言。

由于该活动的规则不便于用全英文讲解，教师在活动示范中采用了"边示范边讲解，边活动边反馈"的示范形式，允许学生在活动的过程中逐渐理解活动规则，也允许学生在未理解活动时不起立抢座。教师观察活动情况，判断需要进行再次示范讲解还是单独给予提示和讲解，体现了教、学、评一体化中"评"的作用。教师要监控教与学的过程与效果，诊断学生在学习过程中的问题，根据其需要提供必要支架和及时反馈。

【可参考此活动的主题】

（1）学校生活与个人感受。

（2）个人喜好。

（成都市泡桐树小学天府校区　李　瑶）

案例12：Make Funny Sentences

（趣味造句）

【教学内容】

Make sentences by using the words related to：name，action，another action，place，time.

例：Tom watched a movie and ate an ice cream in the living room yesterday.

【教学活动】

案例年段	小学高段	预计活动时长	8 ~ 10分钟
活动目标	1. 能综合运用人物、活动、地点、时间等相关信息组合成一句完整的句子。（应用实践） 2. 能分析判断句子表达的含义是否符合日常生活常理。（应用实践）		
活动准备	给每列学生一张A4纸。		
语言技能	〔√〕听　〔√〕说　〔√〕读　〔√〕看　〔√〕写		
能力水平	〔　〕学习理解　〔√〕应用实践　〔　〕迁移创新		

◆◆ 实施步骤

1. 活动导入

教师在PPT中出示表格，介绍表格中的4项信息。教师播放第一段录音：Lucy bought a book in the bookshop last week. 学生听录音，提取信息，教师将表格补充完整，引导学生通过填写内容复述所听到的句子。

Name	
Action	
Place	
Time	

教师展示第二个表格，告诉学生第二段听力材料会有两个活动，教师播放录音：Andy flew a kite and played football in the park last Sunday. 学生完成表格，两人小组交流记录的信息，通过填写的内容共同复述所听到的句子。

Name	
Action	
Another action	
Place	
Time	

2. 活动示范

请5名同学上台，教师扮演A1同学，其余学生依次为A2 ~ A6。A1拿到一张均折成5份的白纸，并在第一行写下任意一个人名，然后将纸张折叠（隐藏第一项内容），传给A2。

A2在纸的第二行写下任一活动的单词或短语，再次折叠（隐藏第一项和第二项内容，下同）传给A3。

A3～A5按顺序依次写下另一活动、地点、时间，折叠后传给下一位同学。

A5将折叠好的纸张传给A6。

A6根据纸上的信息（如下图所示），组织语言，用过去式完整地说出全组创作的句子。

Tom watched a movie and ate an ice cream in the living room yesterday.

3. 小组活动

全班分成8列，每列各发一张白纸，由每列的第一个人开始，按顺序依次写下人名、活动、另一活动、时间、地点，8列同时进行。

每列最后一位同学上台（如某列有7人，则未参与书写的两位同学共同上台），说出全组创作的句子。请全班同学判断该列Funny Sentences的Funny程度为几星级（可设定1～5星级搞笑程度）。

4. 效果评价

教师观察学生的书写情况，发现问题并为学生提供帮助。

教师引导学生判断各组创作的句子是否符合生活常理，评价其利用常识判断对话内容的能力。

◆◆ **实施建议**

（1）根据学生情况，教师可在PPT上出示 Word Box，为学生写作提供参考，必要时允许学生图文结合。

（2）折叠纸张的目的是避免后面同学看到前面同学的书写内容，确保活动的神秘性和趣味性。

（3）如果有同学思考或书写时间较长，后一位同学应耐心等待，教师在发放纸张之前可给学生留足时间进行思考、讨论。

【活动评述】

该活动为应用实践类活动，旨在帮助学生使用一般过去式表达某人某时间在某地做某事。学生在活动中需要明确自己所在的横排需要书写的项目，思考后书写到折叠好的纸条上，每一位同学并不知道前后的同学书写的内容，直到最后一名同学打开整张纸并借助语言支架将文字信息表达出来大家才会知道。开展这个活动时，教室内会不时发出哈哈大笑声，这些情不自禁的欢笑声其实就体现出了学生对句子是否符合生活常理的分析和判断。相比符合常规的句子，学生更愿意读到一些离奇、搞笑的句子，甚至英语教师的名字也会被写入其中，成为孩子们的"笑料"。而老师无论是假装生气还是一起大笑，都会成为孩子们心中最可爱的老师啦！

需要特别说明的是，由于本活动没有语言情境，是纯粹的句型练习活动，教师只能将其作为一个调节课堂氛围的活动来使用。

【可参考此活动的话题】

（1）谈论季节和衣着的话题。

（2）描述自己经历的话题。

（成都市泡桐树小学　王　玲）

案例13：Our Town

（我们的城镇）

【教学内容】

语篇内容为同伴之间的对话，询问对方的城镇设计图里是否有某建筑设施、地点等。

核心词汇：town，park，train station，playground，cinema，swimming pool，shop，bus stop，cafe，hospital，street。

核心句型：—Has your town got a swimming pool?

—Yes，it has.

—Has your town got a train station?

—No，it hasn't.

【教学活动】

案例年段	小学低段	预计活动时长	5~8分钟
活动目标			
活动准备	城镇设计纸。		
语言技能	〔√〕听　〔√〕说　〔√〕读　〔√〕看　〔　〕写		
能力水平	〔　〕学习理解　〔√〕应用实践　〔　〕迁移创新		

活动目标：
1. 学生能较为合理地规划小镇，标注各种设施位置，补全在地图上。（应用实践）
2. 学生能够运用"Has your town got a...? Yes，it has. /No，it hasn't."询问、回答同伴设计的城镇是否有某地点的问题。（应用实践）

◆◆ **实施步骤**

1. 活动导入

教师用PPT出示学校所在城镇地图，重点标注park，supermarket，train station，school，cinema，swimming pool，shop，bus stop，cafe，hospital等地点，请学生描述：Our Town has got a...

2. 小组活动

教师展示仅有街道的小镇地图，告诉学生新建小镇需要城镇规划师进行规划，请学生两人合作读图（如下图所示），选定学校地址并说明选址理由。

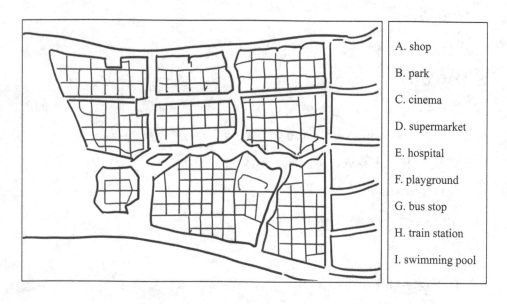

A. shop

B. park

C. cinema

D. supermarket

E. hospital

F. playground

G. bus stop

H. train station

I. swimming pool

请学生为学校周围设计配套设施，自选所提供地点的字母标号，填入设计图中完成设计初稿。

第1、3、5排同学转身，和后桌同学相互询问彼此的设计。

S1：Has your town got a...?

S2：Yes，it has. /No，it hasn't.

S2：Has your town got a...?

S1：Yes，it has. /No，it hasn't.

询问了解其他同学比较好的规划，完善自己的城镇设计，也可补充其他有必要的配套设施。

3. 全班活动

各组推荐代表持设计图参与竞标。

Hello，everyone！Look！This is my design．

竞标学生站在讲台上回答同学们的提问。

Ss：＿＿＿＿＿＿，has your town got a...?

S1：Yes，it has. / No，it hasn't.

教师用投影仪展示上台参与竞标的设计师们的图纸，然后将其贴在黑板上。

学生根据设计师的介绍、问答和城镇生活设施设备的情况，综合进行考量、投票。

4. 效果评价

教师观察学生理解相关词汇、合理配置学校周围设施的情况，发现学生问题并为其及时提供帮助。

教师观察学生是否能根据设计图进行询问和回答，掌握学生对语言和信息的内化情况。

◆◆ **实施建议**

（1）教师允许学生自行设计，鼓励他们设计出各种不同的设计方案。

（2）设计图纸中可用图标代替字母编号，如医院可用医院十字标识，公交站可用公交车标识。

【活动评述】

该活动为应用实践类活动，通过三个阶段的活动，让学生完成城镇设计图的竞标。第一阶段，教师展示学校所在城镇的真实地图（教师在地图上标注学生熟悉的医院、超市、公交站等），激活学生真实生活体验；第二阶段，教师创设城镇规划任务，学用结合，同桌两人合作进行设计，再通过设计图的信息差，前后桌小组完成问答，了解他人的设计；第三阶段，小组内推选代表参与竞标，竞标者介绍设计图，在问答活动中会多次复现核心句型，进一步内化其语言。在这三个阶段的活动中，学生均能体会城镇建设中各种设施的作用和重要性，能在潜移默化的过程中加深对主题意义的理解。

【可参考此活动的主题】

（1）身边的事物与环境。

（2）校园、社区环境与设施。

参考文献

赫伯特·普赫塔.剑桥新思维少儿英语Level 2［M］.北京：外语教学与研究出版社，2019.

（成都外国语学校附属小学　周晓雪）

案例14：Cut into Pieces

（连句成段）

【教学内容】

教学内容是对著名城市的旅游景点及其相关活动的介绍。

Lily：There are many beautiful places in China. This is the Great Wall. You can see it in Beijing. It's very old and very long. We can take photos there. This is Sanya. It's a beautiful city. We can eat good seafood there and swim in the sea.

Andy：This is Harbin. We can ski in winter. This is Hangzhou. We can row a boat on West Lake. This is Dunhuang. We can visit the Mogao Caves. They're fantastic.

译文：

Lily：中国有很多美丽的地方。这里是长城，你可以在北京看到它。它历史悠久，连绵万里。我们可以在那里拍照留影。这里是三亚，它是一座美丽的城市。在那里，我们可以品尝美味的海鲜，也可以在海里游泳。

Andy：这里是哈尔滨，在冬天，我们可以滑雪。这里是杭州，我们可以泛舟西湖。这里是敦煌，我们可以参观莫高窟。真是美妙极了。

核心词汇：sea，ski，eat seafood，West Lake，the Great Wall，take photos，visit the Mogao Caves，Sanya，Harbin，Hangzhou，Dunhuang。

核心句型：This is... We can...

【教学活动】

案例年段	小学中段	预计活动时长	5分钟
活动目标	1. 听懂、会说介绍城市及其相关活动的句子，并从中提取出关键信息。（应用实践） 2. 判断句子之间的信息是否相关，并成功匹配到自己的小组成员。（应用实践）		
活动准备	将城市及其相关活动介绍按句拆分后写在纸条上，每张纸条只提供一句话的信息，纸条数量为全班人数。		
语言技能	〔√〕听 〔√〕说 〔√〕读 〔√〕看 〔 〕写		
能力水平	〔 〕学习理解 〔√〕应用实践 〔 〕迁移创新		

◆◆ **实施步骤**

1. 活动导入

教师出示PPT，上方为四个城市名称，下方为某一个城市的相关图片。

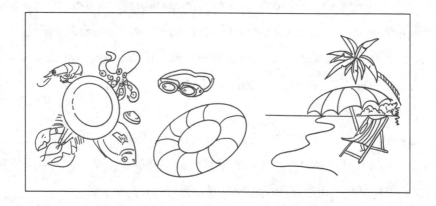

教师提问：Which city is it? Why?

学生回答，教师核实学生答案。

教师用PPT出示三亚城市图片及文段：This is Sanya. It is in the south of China. I can swim in the sea and eat seafood there.

重复上述步骤，复习敦煌、杭州及哈尔滨的相关游览信息。

2. 活动示范

教师拿出8张纸条（其中4张纸条为成都及其相关活动的介绍，另外4张纸条为三亚及其相关活动的介绍）。

纸条1：I can eat seafood there.

纸条2：This is Chengdu.

纸条3：This is Sanya.

纸条4：It is the capital city of Sichuan province.

纸条5：I can eat hot pot.

纸条6：I can swim in the sea.

纸条7：It is in the south of China.

纸条8：I can visit the Kuanzhai Alley.

教师邀请8位学生上台，给每人随机发放1张纸条。

学生须大声念出纸条内容，判断出同一个城市后组合成两个4人小组。

4人小组将纸条内容组合在一起，商议和确定句子顺序，形成一段完整的城市及其活动的简介。

两个4人小组分别展示文段，其余同学判断他们是否组合正确。

3. 小组活动

教师随机为全班发放纸条。

学生拿到纸条后，离开座位去寻找同伴。

学生组合成小组后，交由教师或小助手确认。

组合正确的小组进行朗读展示，教师或小助手对其进行评价。

4. 效果评价

教师观察学生是否能够在活动中找到相关的句子，并组成一段话，指导学生根据关键词寻找信息。

教师关注学生朗读情况，掌握学生对语篇的学习和语言内化情况。

◆◆ **实施建议**

（1）教师需要按照全班总人数准备纸条内容，以保证每一位同学都能找到同伴。

（2）在教材内容之外，可增加学生所在城镇的语篇。

【活动评述】

该活动为应用实践类活动，教师将原有信息拆分，使每位学生只能得到一小部分文本信息，学生在活动中需要根据已有信息，推测未知信息。学生形成小组后，会再根据文本内容，体会主要信息之间的关联，确定顺序，最终形成一段有关介绍著名城市旅游景点及其相关活动的语篇。我们在活动中发现，有的学生读到第三句话时，会突然发现意义并不连贯，于是赶快另外寻找上下文；有的学生会翻开书阅读语篇确认信息；也有的学生向教师或同伴寻求帮助……这样的活动过程正是学生深入语篇的内化和运用语言的过程。

【可参考此活动的语篇】

（1）有因果关系的语篇。
（2）前后逻辑关联性较强的语篇。

参考文献

吴欣，Larry Swartz，Beth Levy. 义务教育教科书英语（一年级起点）四年级下册［M］.北京：人民教育出版社，2013.

（成都市胜西小学　王露）

案例15：Making a Cake

（一起做蛋糕）

【教学内容】

Cooking with Mocky

语篇内容为Ann、Ken和Mocky一起做蛋糕。

Yesterday was Father's Day. Ken and I decided to make a cake for Dad. Mocky wanted to help. He read the recipe. He asked us to put three kilograms of flour into a bowl. Three kilograms of flour were a lot! I was puzzled. Ken put three kilograms of flour into a bowl.

Then Mocky asked Ken to add one kilogram of butter to the flour. One kilogram of butter was a lot! I was more puzzled. After that, Mocky asked Ken to add twelve eggs and two kilograms of sugar. Twelve eggs and two kilograms of sugar? I was even more puzzled. I asked Mocky to show me the recipe. Can you guess? Mocky changed the recipe because he wanted a bigger cake!

核心词汇：recipe, need, flour, butter, bowl, break, add, mix, first, second, then, after that, finally。

核心句型：First, put...into..., add...to...After that, mix...together. Finally...

译文：

昨天是父亲节。我和Ken决定为爸爸做一个蛋糕。Mocky想参与帮忙，他看完食谱，让我们把三公斤面粉放进碗里。三公斤面粉太多了！我很困惑，

Ken把三公斤面粉放进了碗里。

接下来Mocky让 Ken往面粉里加入一公斤黄油。一公斤黄油太多了！我更加困惑了。然后，Mocky让 Ken继续加入十二个鸡蛋和两公斤糖。十二个鸡蛋和两公斤糖？我越来越困惑，我让Mocky给我看食谱。你猜到了吗？Mocky自已改变了食谱，因为他想做一个更大的蛋糕！

【教学活动】

案例年段	小学高段	预计活动时长	5～8分钟
活动目标	1. 能够根据PPT核心词汇和短语，在语篇中找到相应的句子，并朗读出来。（应用实践） 2. 能根据学习理解活动中梳理出的语言结构，总结出食谱中书写的做蛋糕的步骤。（应用实践）		
活动准备	教学课件、每两人一张的菜谱书写单。		
语言技能	〔√〕听　〔√〕说　〔√〕读　〔√〕看　〔√〕写		
能力水平	〔　〕学习理解　〔√〕应用实践　〔　〕迁移创新		

◆◆ 实施步骤

1. 活动导入

请学生阅读故事语篇，找出关于做蛋糕的动作短语。

让学生再读语篇，找出表示步骤的词汇短语。

2. 全班活动

教师出示PPT，告诉学生他们刚才说出的一部分答案已经在PPT上呈现出来了，他们需要任选一个单词或短语，在语篇中找到相应的句子并大声朗读。

如学生选择"put... into... "并读出了课文中相应的句子，教师就点击右上角"put... into... "小图片，会出现PPT底层的随机评价的三颗星小图片，即这位学生为本组获取了三颗星。

first	finally	put... into...
second	add...to...	butter
then	break	flour
after that	mix	eggs

（PPT表层）

（PPT底层）

first	finally	☆☆☆
second	add...to...	butter
then	break	flour
after that	mix	eggs

←学生说出句子后显示底层五星数量

轮流请各组学生参与活动。

3. 活动拓展

请学生再读语篇，并根据语篇内容总结出食谱中做蛋糕的步骤。

109

A _____ Cake

1._____ _____ into a bowl;

2._____ to the flour;

3. Then_____ milk into the bowl;

4. _____, break _____ and _____;

5._____ them all together;

6. _____, enjoy your cake.

4. 效果评价

教师根据不同能力水平学生朗读课文句子情况给予鼓励或指导。

教师观察学生能否顺利获取与梳理文本和图片信息，完成总结菜单活动情况，根据学生表现给予指导和进行反馈。

◆◆ **实施建议**

（1）该活动中，PPT底层的奖励的星星数量不同，教师要注意学生的情绪，使他们的关注点落在语言表达上。

（2）PPT表层的词汇和短语的选择很重要，需要提取语篇的结构化语言要点和核心词汇。

【活动评述】

该活动为应用实践类活动，需在学生对故事理解后再展开。教师在活动导入部分要求学生找出做蛋糕动作短语和表示步骤的词汇短语，帮助学生梳理了语篇结构，为学生后续深入语篇的学习打下基础。为了让学生熟悉文本内容，老师在PPT上设计了底层奖励，让学生在有趣的活动中多次阅读文本。有的老师担心学生只顾活动形式，忘记了语言本质，我们的看法有两点：一是既然有这样的担心，正好可以对学生进行引导，教师在评价学生表现时也可以有一定的导向；二是并不是每一个单元每一节课我们都玩这样的游戏，偶有几分钟让学生有一些轻松愉快的形式，有何不可呢？更何况，我们在活动拓展中开展了极有思维含量的任务单活动：语篇故事以描述和对话的形式呈现Mocky读食谱和两位小伙伴做蛋糕的故事，但是我们在课本文本中并未看到真正的食谱制作步骤是什么样的。学生根据故事内容倒推，总结出制作步骤，是基于结构化知识开展的描述、分析、判断和应用等有意义的语言实践活动。

【可参考此活动的语篇】

（1）便于提取结构化语言的语篇。
（2）描述动物、人物的语篇。

参考文献

王蔷，Ken Methold. 义务教育教科书英语（一年级起点）五年级下册［M］. 北京：北京师范大学出版社，2007.

（成都市泡桐树小学　欧阳萱）

案例16：Who's My Friend?

（谁是我朋友？）

【教学内容】

情境对话内容为描述朋友的外貌、衣着、性格特征等。

核心句型：—I have a friend.

—What does he/she look like?

—He/She is...

【教学活动】

案例年段	小学中段	预计活动时长	5~8分钟
活动目标	1. 能综合运用语言，对自己朋友的外貌、衣着、性格特征等进行描述。（应用实践） 2. 能听懂他人对朋友的描述，提取关键信息，结合自身情况进行分析，判断自己是否符合描述。（应用实践）		
活动准备	学生身穿自己喜欢的服装（不穿校服）。		
语言技能	〔√〕听 〔√〕说 〔√〕读 〔√〕看 〔 〕写		
能力水平	〔 〕学习理解 〔√〕应用实践 〔 〕迁移创新		

◆◆ **实施步骤**

1. 活动导入

教师用PPT出示一位大家都熟悉的人物和句型"He/She is... He/She is wearing... He/She has... He/She is good at..."，引导学生对人物进行外貌、性格、职业等方面的描述。

2. 活动示范

请全班同学起立，教师描述班上一个同学的特征（教师根据他/她的特征进行描述），不符合老师描述的同学请坐下。

如：I have a friend.

He or she is wearing sneakers.（没有穿运动鞋的同学坐下）

He or she is wearing glasses.（不符合老师描述的没戴眼镜的同学坐下）

She is a girl.（男生坐下）

She has short hair.（长头发女生坐下）

She is good at playing the piano.（仅剩一位女生）

Who is my good friend?

全班回答该生的名字，老师与该生击掌。

教师引导全班用上述步骤中的语言再次对女生进行描述：She is wearing sneakers. She is wearing glasses. She has short hair. She is good at playing the piano.

3. 全班活动

全班以6人小组的形式开展活动，每组选一位小老师，请小老师观察该组某位好朋友的外貌和当天的穿着，参照PPT进行描述。不符合描述的学生坐下，直至只剩一位学生站立。接着换下一位小老师进行描述。

教师巡视，关注学生描述是否全面、真实，使用语言是否正确，学生反应是否正确。

请一位描述较好的学生上台担任小老师，按照教师示范的步骤进行活动。

4. 效果评价

观察学生是否能根据描述，对比自身情况做出正确的判断。

观察学生是否能借助语言框架完成对朋友的描述，根据学生的表现给予学生适当的指导和帮助。

◆→ **实施建议**

（1）活动前一天告知学生不要统一着装。

（2）教师在活动示范时精心设计语言描述的顺序。

【活动评述】

在活动引入部分，教师提供了图片和语言支架，请学生口头描述人物特征，进行精准表达，巩固其语言结构化知识，这是"描述与阐释"的语言活动；接下来，教师内心设定一个人物进行描述，学生需听懂教师的描述，对比描述内容与自身实情，做出站立或坐下的判断，这是"分析与判断"的语言活动；学生自己选定朋友，对朋友进行描述，这是有真实情境的"内化与运用"的语言活动。

在活动实施的过程中，我们可以看到学生在老师描述与自己相符的衣着时会高兴地展示（如指着自己的红外套进行确认，抚摸头发确认长短等），在不符合时则遗憾地坐下，这些外显的学习表现背后，是学生深度理解、内化语言的非显性学习过程。即便有学生在第一次活动时会出错，但是随着活动的推进，他们的状态会越来越好，这呈现了语言实践的真实过程。

【可参考此活动的内容】

用方位介词描述某位同学的座位。

（成都市泡桐树小学　刘曼莉）

案例17：Make a Class Birthday Bottle

（一起来做班级生日瓶）

【教学内容】

Kate：Hi Ken. What are you doing?

Ken：I'm making a class birthday book. When is your birthday?

Kate：It's on August 28th .

Ken：How old are you?

Kate：I'm eleven years old.

Ken：Thank you.

本语篇内容为北师大版教材五年级上册四单元第三课时的"Talk together"，为情境对话教学。Ken在制作班级生日册，于是Ken询问Kate的生日，Kate回答自己生日的具体日期和自己的年龄。

核心词汇：January，February，March，April，May，June，July，August，September，October，November，December。

核心句型：When is your birthday? My birthday is in\on...

【教学活动】

案例年段	小学高段	预计活动时长	10~12分钟
活动目标			
活动准备			
语言技能	〔√〕听 〔√〕说 〔√〕读 〔 〕看 〔√〕写		
能力水平	〔 〕学习理解 〔√〕应用实践 〔 〕迁移创新		

活动目标：
1. 能运用When is your birthday? My birthday is in/on... 进行有关生日的询问和回答。（应用实践）
2. 能在问答中获取关键信息，并进行生日月份的书写。（应用实践）

活动准备：
1. 教师准备12个空瓶子，在每个瓶子上贴上月份的名称。

2. 教师准备好"雪糕棍点名神器"，将其任意置于四个纸杯中。

◆◆ **实施步骤**

1. 活动导入

教师将提前准备好的12个透明塑料瓶（已贴好12个月份的英文标签）打乱顺序放于讲台。

播放英语歌曲 *Months of the year*，请两位同学上台根据歌曲演唱顺序将12个月按顺序排好，其余同学一边跟唱一边判断两位同学排序是否正确。

播放第二遍歌曲，全班跟唱，教师根据演唱顺序指向相应的生日瓶。

2. 活动示范

教师用"雪糕棍点名神器"抽取一名同学，两人根据对话示例进行对话。（教师为A，学生为B）

A：Hi, _____.

B：Hello, _____. What are you doing?

A：I'm making a class birthday book. When is your birthday?

B：It's on _____.

A：How old are you?

B：I'm _____ years old.

A：Thank you.

教师在雪糕棍的反面书写该生生日月份，并将雪糕棍放入相应月份的瓶子中，说：_____'s birthday is in _____.（月份）

3. 全班活动

各组学生传递"雪糕棍点名神器"纸杯，确保每位同学都能抽取到一位被调查者。

学生根据活动示范进行对话、书写，最后将雪糕棍放入生日瓶中。

完成后，教师引导学生查看班级生日瓶，让学生了解每个月份有几位同学过生日。

4. 活动拓展

和班会活动相结合，为每月过生日的同学准备简单的生日派对。

5. 效果评价

教师关注学生运用核心句型询问生日和回答的情况，并适时为学生提供指导和帮助。

教师观察学生是否能正确书写同伴的生日月份，判断其获取并记录信息的准确程度。

◆ **实施建议**

（1）该活动中，因为教师会提前抽取一名学生的雪糕棍为活动做示范，所以在后续全班完成任务时会少一张纸条，所以教师要提前多放一支英语教师本人或班主任姓名的雪糕棍放入调查的盒子里。

（2）根据学生的学情，在书写雪糕棍背面的生日时，对于英语学习程度较好的班级建议填写英文的生日日期和年龄，对于基础较弱的班级建议以阿拉伯数字填写生日日期及年龄。

（3）因学生需要离开座位参与活动，教师应注意学生的安全。

（4）教师巡视过程中，要关注学生对话情况，对有困难的学生给予适当的帮助。

【活动评述】

该活动为应用实践类活动，在学生已掌握语篇的基础上，教师通过有趣又真实的活动，设计感知与积累、表达与交流的真实情景，让学生去运用核心语言，解决生活中的实际问题。文本中的两位主人公制作班级生日册，而本活动中教师通过应用实践活动，设计了使用核心语言制作班级生日瓶的有趣活动，创设真实的语言场景，不仅使学生能内化所学语言，更加深学生对本单元的主题的理解。在活动中，学生需要询问、回答同伴以获取信息，其"听"和"说"的能力可得到较好的训练。此外，学生还需要将获取的信息正确填

"写"下来，教师通过学生所写下的信息，检测学生所达成的效果。

【可参考此活动的情境对话】

调查性的情境对话。

参考文献

程晓堂，王蔷. 义务教育教科书英语（一年级起点）五年级上册［M］. 北京：北京师范大学出版社，2005.

（成都市泡桐树小学天府校区　李　瑶）

案例18：Round Robin Ask-and-Answer

（循环问答）

【教学内容】

Waitress：Can I help you?

Dad：Yes，please. I want some meat and vegetables.

Mom：I want some eggs and tomatoes.

Coco：I want some beef and potatoes.

核心词汇：fish, chicken, vegetables, rice, noodles, eggs, cake, bread, ice cream, fruit, meat, beef, potatoes, tomatoes。

核心句型：—Can I help you?

　　　　　—Yes，please. I want...

【教学活动】

案例年段	小学中段	预计活动时长	8~10分钟
活动目标	1. 能运用核心句型表达对食物的需求。（应用实践） 2. 在听、说、读、看活动中，能根据顾客需求作出相应回答。（应用实践）		
活动准备	自制餐厅菜谱，在菜谱上的食物图片背面贴上双面胶		
语言技能	〔√〕听　〔√〕说　〔√〕读　〔√〕看　〔　〕写		
能力水平	〔　〕学习理解　〔√〕应用实践　〔　〕迁移创新		

◆◆ **实施步骤**

1. 活动导入

教师发放自制餐厅菜谱，给每个学生一份。

同桌两人互相介绍自己的菜谱中有哪些食物：It's a（an）... /They are...

2. 活动示范

以第一大组为例，分为A、B两列，A列为餐厅服务员，B列为顾客，同桌两人完成点餐活动。

A：Can I help you?

B：Yes，please. I want...

A：Here you are.（给出对应的食物卡片）/ Sorry，I have no...

B：Thank you.

第一次点餐完成后，请B1同学移到B6位置，其余B列同学依次往前移动一个位置（如下图所示）。教师说：Now, You have a new partner. Would you like to order more food?　B列学生完成第二次点餐。

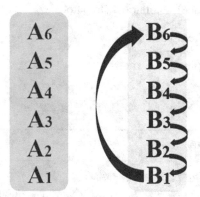

第二次点餐完成后，教师请B组学生继续顺时针移动，重复以上步骤直至完成6次点餐活动。

确保其余三组同学明白活动形式。

3. 小组活动

每组A列为餐厅服务员，B列为顾客，四个大组同时开始点餐问答。

B列同学全部归位，向A列同学展示自己在点餐活动中获得的食物图片。

角色互换，进行第二轮点餐问答活动。

A列同学全部归位，向B列同学展示自己在点餐活动中获得的食物图片。

4. 效果评价

观察学生在活动中运用核心语言进行问答和交流的情况，并根据学生的表现给予学生指导和帮助。

◆◆ **实施建议**

（1）活动准备中，学生设计菜谱可不局限于老师课内呈现的食物类别，每种食物可多准备几份。

（2）教师提醒学生活动准备中，菜谱上的食物图片只用双面胶贴一小部分，便于在点餐时撕下。

（3）教师提前告知学生，活动中食物图片归点餐者所有，以免引起学生间的矛盾。

（4）如果有同学对话速度较慢，后一位同学应耐心排队等待轮询问答，教师可为耐心等待的同学加小组分，以作正向鼓励。

【活动评述】

该活动为应用实践类活动，引导学生运用核心句型表达对食物的需求，这是"说"的内化练习。接下来，学生能在小组活动中根据对话的描述，选出相应的食物卡片，学生需要"听""看"和"认读"相应词卡，判断自己所开餐厅是否提供相关食物，并做相应回答。在练习过程中，能促进学生内化语言，加深学生对餐饮文化知识的理解。

常规的对话练习怎么能让学生乐于参加呢？教师在活动形式上花了一点小心思，让孩子们在教室中单向顺时针循环，进行轮询问答，同样的对话便可以和不同的同伴进行多次练习。当然，在大班教学中进行这样的活动需要老师讲解清楚规则，也需要教师对课堂纪律有较强的掌控能力。

【可参考此活动的情境对话】

（1）询问最喜欢的季节或天气的情境对话。

（2）购物的情境对话。

（成都市泡桐树小学桐欣校区　叶焱萍）

案例19：Running Dictation

（移动听写）

【教学内容】

教学内容为英语歌曲：

What did you do?

What did you do?

What did you do yesterday?

I cleaned my room. Oh yeah.

I watched TV. Oh yeah.

I talked to friends. Oh yeah.

And I studied English. Oh yeah.

【教学活动】

案例年段	小学高段	预计活动时长	10～15分钟
活动目标	1. 能在小组合作中完成歌词的认读、转述、书写。（应用实践） 2. 能自创演唱形式，演唱歌曲。（应用实践）		
活动准备	1. 准备6～8份歌词，贴在教室四周的墙上。 2. 每个小组发放一张空白听写单。		
语言技能	〔√〕听　〔√〕说　〔√〕读　〔√〕看　〔√〕写		
能力水平	〔　〕学习理解　〔√〕应用实践　〔　〕迁移创新		

◆◆ **实施步骤**

1. 活动导入

教师用PPT出示学生学过的相关句型和动词短语：

What did you do yesterday?

I visited my grandparents/ went to the park/ played football.

学生以两人小组的形式进行基于真实情况的问答练习。

2. 活动示范

教师拿出一张听写纸放在实物投影仪上，告诉学生以四人小组的形式完成听写任务。

教师讲解规则：四人小组的1号学生跑至就近的纸条位置（教师提前粘贴好歌曲内容，方便学生在活动中进行阅读），记住纸条上的第1行内容，跑回小组小声背出该句内容，由组内某位成员进行书写；同时2号同学跑至纸条位置，阅读并记住第2行内容，回到小组背出第2行内容，由组内某位成员进行书写；3号、4号学生重复上述步骤，直至听写完毕。

No. 1 student → Sentence 1

No. 2 student → Sentence 2

No. 3 student → Sentence 3

No. 4 student → Sentence 4

请三名同学和老师组成四人小组，演示活动步骤（为节约时间，仅演示一轮书写步骤）。

3. 小组活动

小组自行商定组内同学出场顺序和主要负责书写的同学。

计时3分钟，先完成书写的组交由老师检查后为本组加分。

教师用PPT出示听写语篇，请各组自行核对、改错。

在学生进行改错活动时，教师选择时机开始循环播放歌曲音频，直至学生发现歌曲内容即为书写内容。

学生看看自己组的听写单，跟随音乐快乐演唱歌曲。

4. 活动拓展

各组根据组内成员真实情况（即昨天做了的事情），创编四句话歌谣（每人一句）。

各组自创演唱形式，演唱自己的歌曲。

5. 效果评价

教师观察学生复述歌词的情况，判断其能否正确认读、记忆和转述。

教师观察学生的书写情况，判断其获取并记录信息的准确程度。

◆◆ **实施建议**

（1）学生需要离开座位参与活动，教师应注意学生的安全。

（2）歌词不能太难，要便于学生书写。

（3）如在低段年级进行该活动，也可将后面的听写活动改为画画或者排序。

（4）如学生书写确有困难，教师可以将核心句型框架出示在PPT上。

【 活动评述 】

Running dictation将书写任务用有趣的小组活动形式进行，使组内成员互相协作完成任务。在这个活动中，学生"听""说""读""写"的能力都能得到较好的发展。在小组核对答案时，教师播放音频，学生开始会有点疑惑，继而个别同学发现"端倪"，接着更多同学发现"奥秘"，一片惊叹声后，同学们自发开始演唱歌曲，教师加入演唱，灵动欢乐的课堂氛围就成就了一堂好课！

好课并没有以一时的热闹结束，教师在拓展活动中留足时间让学生思考、表达和交流，要求学生根据自己真实的情况创编歌曲，这是真实的语言运用过程，是新课标所倡导的知识向能力的转化过程。

【可参考此活动的内容】

结构简单的歌曲。

（成都市泡桐树小学　刘曼莉）

第三章

迁移创新案例

案例1：Cover Design

（创意封面）

【教学内容】

教学内容为儿童英语绘本*Seasons*。书本的封面为一位外星人乘坐时光飞船遨游在太空的图片，图片的底色是蓝色的太空背景。故事讲了这位来自外星的朋友乘坐时光飞船来到地球，体验和感受了地球上一年四季的色彩和气温变化。

【教学活动】

案例年段	小学中段	预计活动时长	5～8分钟
活动目标	1. 能在小组内开展推理与论证活动，分析绘本的封面设计是否能体现绘本标题和内容。（迁移创新） 2. 为绘本进行新的封面设计。（迁移创新）		
活动准备	教学课件、空白封面纸（每人一张）、彩笔。		
语言技能	〔 〕听 〔√〕说 〔√〕读 〔√〕看 〔√〕写		
能力水平	〔 〕学习理解 〔 〕应用实践 〔√〕迁移创新		

◆◆ 实施步骤

1. 活动导入

教师引导学生根据板书（外星人乘坐时光飞船经历地球的春夏秋冬，体验色彩和气温的变化）复述故事。

教师引导学生认读书名，观察封面，描述封面内容。

2. 小组活动

教师提问：Does the cover match the story？（你认为这本书的封面设计与故事相符吗？）引导学生进行思考。

四人小组进行讨论。

教师邀请2～3组同学进行阐释。师生总结：封面未能体现四季的变化，和内容及书名不符合。

四人小组讨论：如果你是这本书的编辑，你会怎样来设计封面，让封面与书的主题更加契合。

教师为每位学生发一张纸，让他们进行新的封面设计和创作。

3. 活动拓展

教师将学生的封面设计张贴于教室外墙，请学生利用课间时间进行赏析。

教师为每个学生发一个有图案的贴纸，让学生将其贴在自己最喜欢的封面设计上。

教师根据贴纸投票情况评选出最佳封面设计奖。

4. 效果评价

教师观察学生是否能评价原绘本的封面设计并说明理由，判断学生对绘本主题意义的理解程度。

教师观察学生完成新封面设计的情况，评价其是否能挖掘出与主题意义紧密关联的内容。教师在巡视过程中根据需要适时点评，帮助学生加深对主题意义的认识。

◆◆ **实施建议**

（1）学生在表述时，如遇语言障碍也可适当使用中文进行表达。

（2）鼓励学生在设计新的封面时发挥创意，鼓励不一样的设计方案，也允许学生保留原有绘本封面不做改变（需说明理由）。

【活动评述】

封面是绘本的重要组成部分，有效阅读的第一步就是"读"封面。绘本封面上有书名和配图，封面配图最能代表书本的内容，也应与书名高度契合，好的封面配图能调动读者的阅读兴趣。通常我们阅读绘本前，会先观察和解读封面，预测书本主要内容，也可在了解故事大意后，反过来观察封面图，提出针对性的质疑和问题。该活动为迁移创新类活动，教师鼓励学生在学习理解绘本主题和内容后，对绘本的封面设计是否与主题相契合进行评价和论证，结合书本主题进行合理的质疑，评价封面的设计，说明理由。学生通过分析和思辨，结合自身对主题的理解，进行图片与文字的再创造，设计出更加合理的封面。在拓展活动中，学生赏析同伴的作品，张贴贴纸对同伴作品进行评价，在此过程中学生再次进行对比或类比、批判或肯定，加深对主题意义的理解。

【可参考此活动的内容】

（1）封面或插图具有一定讨论价值的绘本。

（2）标题有一定讨论价值的语篇。

（成都市金沙小学清波分校　钟雅旭）

案例2：Shape Collage

（创意拼图）

【教学内容】

常见的形状词汇：triangle，square，star，circle，rectangle，heart，以及其相关表达：This is a robot. There is a square. There are 7 rectangles and 4 circles.

【教学活动】

案例年段	小学低段	预计活动时长	5～8分钟
活动目标	1. 能两人合作，用形状纸片进行创意拼图。（迁移创新） 2. 能综合运用语言，描述拼图作品。（迁移创新）		
活动准备	彩色纸质三角形、正方形、长方形、星形、心形、圆形若干（学生课前自行准备）		
语言技能	〔√〕听 〔√〕说 〔 〕读 〔√〕看 〔 〕写		
能力水平	〔 〕学习理解 〔 〕应用实践 〔√〕迁移创新		

◆ 实施步骤

1. 活动导入

教师请学生将课前准备的彩色纸质图形放置于桌上。

学生以二人小组形式利用图形进行交流：Look! This is a... These are...

2. 活动示范

教师手持自己的纸质图形，问：Can you make a tree by these shapes?

请学生进行两人合作，在桌上拼出一棵树。

教师巡视，找到拼得较好的一组，用投影仪对其作品进行展示，并引导学生运用PPT展示的句型示例说出：This is a tree. There are 2 rectangles. There are 9 circles.

再请1~2组学生用不同拼图方法上台展示并描述。

3. 小组活动

教师请学生思考：What else can you make by these shapes? 鼓励学生有创造性的想法。

学生两人一组，进行创意拼图和描述活动。教师巡视，对创意作品进行拍照。

教师将手机置于投影仪上，展示上一步中拍摄的照片，让拼图作者用英语描述作品。

4. 效果评价

教师观察学生的创意拼图，判断学生的创意设计能力，对学生作业的创新性给予正向评价。

教师关注学生是否能借助语言框架描述自己的创意拼图，并根据学生需要给予学生必要的指导和反馈。

◆◆ 实施建议

（1）学生准备纸质图形时，每种图形可准备多个。

（2）如学生准备的图形为彩色，描述拼图作品时可以加上颜色的描述。

（3）鼓励学生各种合理的创意，教师进行活动示范评价时要有意偏向不太常规但是有创意的作品。

【活动评述】

进行形状的教学时，一定要避免教学仅仅只停留在几个单词的层面。我们可以进行寻找生活中的形状、形状拼图等有真实意义的活动，教师要做的工作，就是将语言的运用巧妙地设计到这些活动中去。在这个一年级的迁移创新活动中，孩子们不仅仅用了本单元的核心句型"It is a triangle/circle/heart..."，在活动导入部分还增加了对图形复数形式的表述。学生在对拼图进行描述时，自然地用到了"There is..."和"There are..."句型。学生需要表达自己拼出的是什么图形，需要表达用了多少不同的形状，所以这是一个真实的、能唤起学生表达欲望的课堂教学情境，使语言的运用在活动中无痕地完成。当然，由于6种形状单词比较长，有的不是很常用，学生在表达时会有停顿地思考时间或者发音错误，教师一定不要急于纠错，要等待和鼓励他们进行表达，把激励点放到他们的创意上，进行隐性纠错。

【可参考此活动的内容】

（1）描述物品方位的内容。
（2）有关房间物品摆放的内容。

（成都市泡桐树小学　田　甜）

案例3：Compose a New Chant

（创作新咏唱）

【教学内容】

英语歌谣：

I like singing songs.

I like climbing hills.

I like playing games.

I like drawing pictures.

And I really really really like you.

【教学活动】

案例年段	小学低段	预计活动时长	8～10分钟
活动目标			
活动准备			
语言技能			
能力水平			

案例年段	小学低段	预计活动时长	8～10分钟
活动目标	1. 与小组成员合作，根据自己的实际喜好创编歌谣。（迁移创新） 2. 能把握简单歌谣的语篇结构，发现歌谣语言表达的特点，并尝试将其运用到自己的创编中。（迁移创新）		
活动准备	1. 歌曲视频。 2. 三角铁、沙锤、双响筒、响板等小型伴奏乐器。		
语言技能	〔√〕听　〔√〕说　〔√〕读　〔√〕看　〔　〕写		
能力水平	〔　〕学习理解　〔　〕应用实践　〔√〕迁移创新		

◆◆ 实施步骤

1. 活动导入

教师播放歌谣视频，学生拍手跟唱歌谣，演唱时感知歌谣的节奏和韵律。

教师引导学生发现儿童歌谣的特点，如"I like..."反复出现；每句歌词都以相同发音结尾；音韵和谐，富于动感。

2. 小组活动

教师请4位学生上台，组成四人小组进行活动示范，四人轮流模仿歌曲，并根据自身实际喜好创编歌谣，每人创作两句，共8句歌词。

学生以4人小组形式进行创编。

请4人小组拍节奏演唱歌谣，让他们发现其中最符合节奏和韵律的几句歌谣。

将小组创编的8句歌词删减，保留最朗朗上口的4句。

3. 活动拓展

教师将三角铁、沙锤、双响筒、响板等小型伴奏乐器发给需要的小组，请各小组自创演唱形式，演唱本组歌谣。

4. 效果评价

教师观察学生创编歌谣情况，根据学生的表现给予学生指导和反馈。

教师根据学生创编歌谣的节奏、韵律、结尾音等情况，及时为学生提供帮助。

◆◆ 实施建议

（1）教师引导学生发现歌谣的特点。

（2）因学生年段较低，创编歌谣时不必强求最后的4句歌词尾音一致，歌词朗朗上口即可。

【活动评价】

歌谣是新课标预备级和一级内容中常见的一种语篇类型。本活动不同于普通的歌谣教学，是超越语篇的迁移创新类活动。教师在活动引入中引导学生把握简单歌谣的语篇结构，发现歌谣语言表达的特点，使学生初步体会歌谣的文体特征。在创编活动中，教师先让学生根据实际喜好创编8句歌词，然后对歌词进行删减，保留最朗朗上口的4句。"创编"让学生用结构式语言表达自己的真实喜好；"删减"比直接创编容易，又能巧妙地呈现歌谣的文体特征。诚然，由于学生年龄特点，我们在歌谣创编时并没有做到真正的押韵，也并不对最后的4句歌词强行要求尾音一致，但通过"删减"，初步让学生体会到了歌谣的文体特征和语言特点。

【可参考此活动的歌谣】

（1）有关食物的简单歌曲和歌谣。
（2）有关动物的歌曲和歌谣。

（成都市天鹅湖小学　陈泫希）

案例4：In the Park

（在公园）

【教学内容】

情景故事呈现的是Bill，Joy和Lily在公园的见闻，内容如下：

——I like trees.

——Look! There are trees in the park.

——I like boats.

——Look! There are boats on the lake.

——And I like flowers.

——Look! There are flowers in the grass.

——I like birds.

——Look! Ha ha ha!

【教学活动】

案例年段	小学低段	预计活动时长	8～10分钟
活动目标	1. 能把握语篇结构，发现三位小朋友对话语言——对应的特点。（迁移创新） 2. 能根据语篇结构选择适合的思维导图类型，创作自己的故事思维导图。（迁移创新）		
活动准备	8种类型的思维导图单和空白A4纸（数量适当大于学生人数）		
语言技能	〔 〕听 〔√〕说 〔√〕读 〔√〕看 〔 〕写		
能力水平	〔 〕学习理解 〔 〕应用实践 〔√〕迁移创新		

❖❖ **实施步骤**

1. 活动导入

教师将trees，boats，flowers，birds图片贴于黑板或教室其他地方，假设我们正在公园游玩，让学生一边指图片，一边进行角色扮演（语篇内容以文字形式呈现在黑板上）。

2. 全班活动

教师请学生阅读板书内容，引导学生发现语言一一对应的特点，如"I like trees. There are trees in the park."。教师用粉笔在黑板上勾画出这组句子。

将两种颜色的粉笔分发给两位同学，请他们每人勾画出对应的一组句子。

请学生再次阅读语篇，补充最后一句话：There are birds in the park.

教师在PPT上出示8种思维导图结构图（此前已经进行过系统学习），让学生以4人小组形式进行讨论，选出本语篇所适合的思维导图类型。

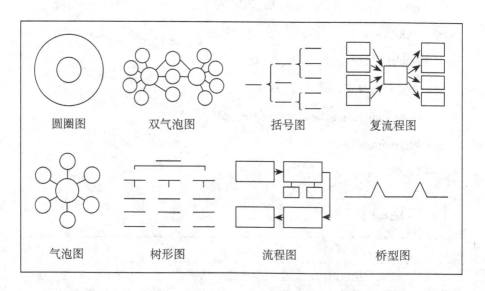

| 圆圈图 | 双气泡图 | 括号图 | 复流程图 |

| 气泡图 | 树形图 | 流程图 | 桥型图 |

根据学生的讨论选定括号图、气泡图、流程图和桥型图。

3. 个人活动

教师出示课前准备好的思维导图任务单，学生可选择其中一种，也可自行设计。

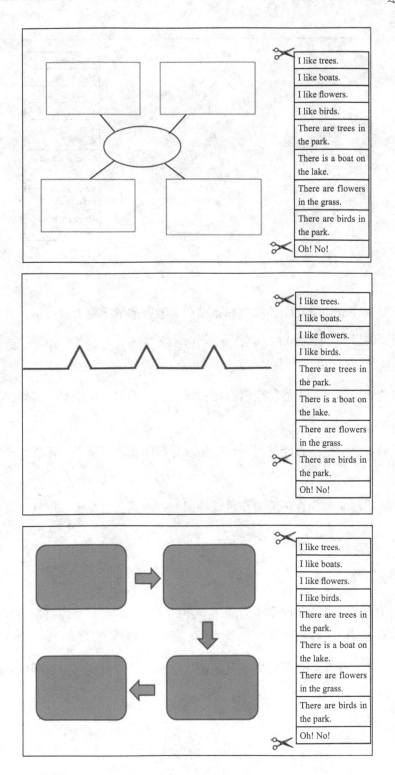

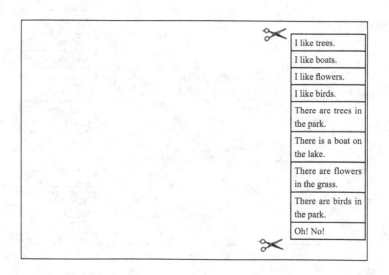

在学生完成思维导图的绘制和张贴后，教师邀请学生上台展示，并让他们根据自己的思维导图复述故事。

4. 效果评价

教师观察学生是否能发现语言结构特点，并根据学生情况及时给予学生帮助和指导。

教师观察学生是否能选用正确的思维导图体现语篇特点，评价其分析语篇的能力。

教师观察学生能否正确制作思维导图，判断其获取并整理信息的全面和准确程度。

◆◆ **实施建议**

（1）本活动基于平时学生对思维导图的了解，教师需要提前带领学生了解思维导图的类别和作用。

（2）如有学生创作鱼骨图或其他能展示对应特点的图形，教师应及时给予学生肯定。

【活动评述】

该活动为迁移创新类活动，需在学生理解语篇、梳理语篇的基础上进行。学生选择不同类型思维导图的过程，就是教师引导学生把握语言整体结构和发现语言特点的过程。在活动中，有的学生选用了圆圈图或者树形图，但是在几分钟以后举手要求更换任务单，教师追问理由，学生认为自己绘制的导图不能表现故事的特点，教师敏锐地抓住了这样的教育契机，对学生的"思辨能力""分析能力"和"自我纠错能力"进行赞扬，并再次引导学生发现语言表达的特点。

教师准备了多种不同类型的思维导图供学生选择，也准备了空白的纸张，供学生自行创作；针对低段学生特点，教师将任务单的右边设计为了可以剪切和张贴的形式。这些小设计蕴含了大心思，为学生的学习提供了支撑。

【可参考此活动的语篇】

（1）可使用两种或两种以上思维导图梳理结构的语篇。

（2）结构清晰的语篇。

参考文献

吴欣，Larry Swartz，Beth Levy. 义务教育教科书英语（一年级起点）二年级上册［M］.北京：人民教育出版社，2013.

（成都市泡桐树小学　黄可欣）

案例5：Make a New Book

（制作小小书）

【教学内容】

绘本*Red Ben*主要讲述了小男孩Ben的故事。Ben喜欢红色，所以他根据自己的意愿将鸡蛋、母鸡、大象、柠檬等物品都涂成了红色，但是他没有想到他们都不喜欢红色，最后大象用鼻子吸水将他们身上的颜料都洗干净了。

Ben likes red.

Ben paints the eggs red.

Ben paints the eggplants red.

Ben paints the lemons red.

Ben paints the hen red.

Ben paints the elephant red.

Ben paints the red.

Oh，no!

The elephant doesn't like red!

They don't like red.

We like red.

【教学活动】

案例年段	小学中段	预计活动时长	5～8分钟
活动目标	1. 能在小组合作中用自己喜欢的颜色给图片涂色，进行表达"I like... I paint the..."（迁移创新） 2. 将同一种颜色的作品制作成新的绘本。（迁移创新）		
活动准备	水彩笔、印有核心句型的纸张。（用于制作小小书）		
语言技能	〔√〕听 〔√〕说 〔√〕读 〔√〕看 〔 〕写		
能力水平	〔 〕学习理解 〔 〕应用实践 〔√〕迁移创新		

◆ **实施步骤**

1. 活动导入

在学生完成了绘本学习之后，教师在PPT上出示许多简笔画图片，引导学生说出这些物品的单词。

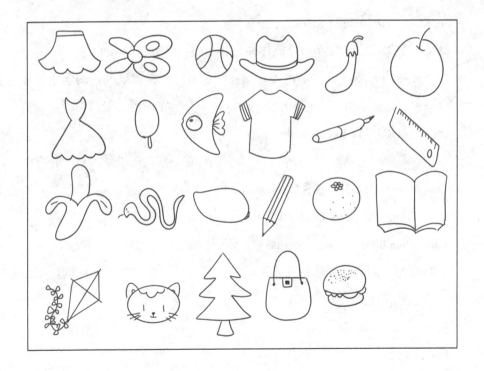

2. 活动示范

教师在黑板上张贴画有短裙的图片，说：This is a skirt. But it's white.

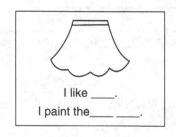

教师拿出一套水彩笔，选出自己喜欢的颜色，说：I like blue.

教师用蓝色水彩笔将短裙涂色，完成后给学生展示，并表述：I like blue. I paint the skirt blue.

3. 小组活动

学生以4人小组为单位，教师给各组分发水彩笔和印有核心句型的纸张，让学生自己进行创作。

学生按活动示范进行创作。

完成后学生在组内分享自己的作品，并描述：I like... I paint the...

全班完成后，教师依次拿出各种颜色的水彩笔，喜欢该颜色的学生拿着自己的作品上台，依次介绍：I like... I paint the... 介绍完毕后，老师引导所有在台上的学生一起说：We like...

教师收集同一颜色的学生作品，并将它们订在一起，形成学生自己的绘本。

教师选择一本绘本，带领学生一起阅读绘本文字，对绘本给予评价。

如：I like yellow too. I like this book.

I don't like blue orange. It is yukky!

教师将学生们自己创作的绘本随机分发到各个小组，学生们阅读绘本，发表自己的意见和建议。

I like... too. I like this book.

I don't like...

4. 效果评价

教师观察学生能否完成涂色任务并描述自己喜欢的颜色，根据学生实际情况给予学生指导。

教师观察学生是否能根据自己的认知正确评价同学们创作的绘本，判断学生是否能在真实情境中表达个人态度和观点。

◆• 实施建议

（1）如时间充足，可请学生将句子补充完整，教师给予学生适当的指导。

（2）该绘本也是语音绘本，如教学目标偏向于语音方面，教师可请学生在语音词汇的框架内进行创作。

【活动评述】

本活动需在学生已经对绘本角色以及故事情节有了详细深入的了解和体会之后进行，旨在发展学生的综合语言运用能力，提升学生的思维品质。在活动中，教师让学生选择自己喜欢的颜色和图画进行创作，并制作成新的绘本。学生在创作的过程中获得积极的学习体验，深入探究主题意义。在完成作品之后，教师鼓励学生利用所学语言进行表达和交流，培养了学生的语用能力和迁移能力，从而促进学生能力向素养的转化。

【可参考此活动的内容】

（1）有关动物类型的对话或绘本。

（2）有关中西方文化（节日、食物）对比的绘本。

参考文献

Red Ben. 有趣的字母［M］. 北京：北京师范大学出版社，2008.

（成都市泡桐树小学　任超平）

案例6：Find the Picture

（图片配对）

【教学内容】

情境对话呈现的是两个孩子谈论公园景物，对话内容如下：

—Look！There is a boat on the lake.

—There are trees in the park.

—There is a dog in the park.

—There are birds in the park.

【教学活动】

案例年段	小学低段	预计活动时长	5～8分钟
活动目标	1. 在看、听、说、读活动中，区分"There is..."和"There are..."句型的用法，并能运用句型介绍公园、超市、动物园、教室的景物或物品。（迁移创新） 2. 能在两人小组合作中根据英文描述寻找正确的情境图片，进行图文配对和描述表达。（迁移创新）		
活动准备	1. 几套公园、超市、动物园、教室图片（总数量为学生人数的一半）。 2. 与上述图片配套的描述文段（总数量为学生人数的一半）。		
语言技能	〔√〕听　〔√〕说　〔√〕读　〔√〕看　〔　〕写		
能力水平	〔　〕学习理解　〔　〕应用实践　〔√〕迁移创新		

◆◆ **实施步骤**

1. 活动导入

教师在PPT上出示4张不同情境的图片和参考句型，学生两人一组任选一图
进行表述。

Look！There is... in the... There are... in the...

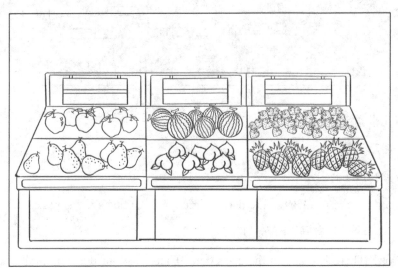

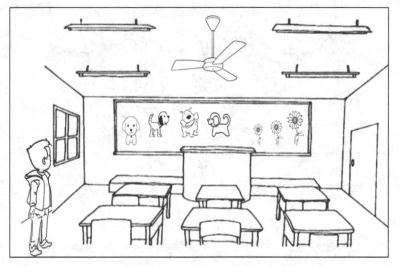

请几组学生进行展示。

2. 活动示范

教师在PPT上出示4组文段，让学生自读。

Look! There is a lake in the park. There are three boats in the park.（看！公园里有一片湖泊，还有3艘小船。）

Look! There is a boy in the classroom. There are four dogs on the blackboard.（看！教室里有一个男孩，黑板上还画了4只小狗。）

Look！ There are three monkeys in the zoo. There are two elephants in the zoo.
（看！动物园里有三只猴子，两头大象。）

Look！ There are apples in the supermarket. There are pears in the supermarket.
（看！超市里有好多的苹果和梨子。）

教师请4位学生上台，给每人分发一张导入活动的纸质图片。

教师在四张文段纸条中抽取一张（纸条内容与PPT相同，另有两句需要学生补充）。

Look! There is a lake in the park. There are three boats in the park.

There is... in the... There are... in the...

走到一名持图学生旁边，教师朗读文段内容，持图学生听音观图，两人共同判断图文是否匹配。若图文匹配，两人击掌，并继续描述图片中的景物或物品；若图文不匹配，教师走向下一位持图学生，重复以上步骤，直至配对成功。

3. 小组活动

教师为全班学生分发描述文段和公园图片，给单列学生分发图片，给双列学生分发描述文段，请学生在教室内进行图文配对活动。

配对成功的同学继续描述图片中的景物或物品，经老师或小助手核实无误后可为各自小组获得积分。

完成图片配对的学生可互换纸条，再次寻找不同的同学进行图文配对活动。

4. 效果评价

教师关注学生能否正确认读文段，观察学生是否能进行图文配对，判断学生是否能在不同语境中运用核心句型进行表达。

◆◆ **实施建议**

（1）如时间充足，可请学生在图文配对成功后用简笔画在图片中添加合适的物品，并继续进行描述。

（2）因学生需离开座位参与活动，教师应注意学生安全。

（3）可请几位小助手帮助教师核实学生图文配对是否正确。

【活动评述】

该活动在学生能熟练运用句型 "There is... in the park." "There are... in the park." 描述公园景物的基础上，将场景迁移到教室、动物园、超市等学生熟悉的地方，让学生运用所学语言进行自由的交流与表达。针对二年级学生，教师在活动梯度上考虑了两个层次：图文配对活动是限定性语言活动，能较好地训练学生 "读" "听" 和 "看" 的能力；配对成功后的描述是自由表达活动，训练学生 "看" 和 "说" 的能力。在活动建议中，我们增加了一个 "想象与创造" 的延伸小活动。如果时间允许，教师可请图文配对成功的同学继续在图片中添加与场景相符的物品或景物，并用核心句型进行表达。

【可参考此活动的情境对话】

（1）描述方位的情境对话。
（2）表达某人喜欢某物的情境对话。
（3）区分单数复数的情境对话。

参考文献

吴欣，Larry Swartz，Beth Levy. 义务教育教科书英语（一年级起点）二年级上册［M］. 北京：人民教育出版社，2013.

（成都市泡桐树小学　廖燕青）

案例7：TV Programs

（电视节目）

【教学内容】

语篇内容为广告、脱口秀、综艺三种电视节目的简介。

Advertisement tell you about new things you can buy. They are very short, usually no more than one minute long. Most people don't like them.

Interesting people are often on talk shows. They talk about many interesting things. These shows are fun. You can also learn a lot.

On variety shows, some people sing, some people dance, and some people tell funny jokes. Many people like to watch these shows with their family.

译文：

广告告诉人们可购买的新事物。它们比较短小，通常不超过一分钟。大多数人都不喜欢观看。

有趣的人经常参加脱口秀节目。他们在节目中谈论很多有趣的事情。这些节目很有乐趣，人们也可从中学到很多。

在综艺节目中，有人唱歌，有人跳舞，有人讲笑话。很多人喜欢和家人一起观看。

【教学活动】

案例年段	小学高段	预计活动时长	8～10分钟
活动目标	1. 能联系生活实际，谈论对不同类型电视节目的认识。（迁移创新） 2. 能通过分析和思辨，选择适合自身观看的电视节目，欣赏不同电视节目传递的不同文化及价值。（迁移创新）		
活动准备	1. 学生推荐的一些电视节目与其英文名称，通过PPT及板书呈现。 2. 电视节目的小海报。		
语言技能	〔√〕听　〔√〕说　〔√〕读　〔√〕看　〔　〕写		
能力水平	〔　〕学习理解　〔　〕应用实践　〔√〕迁移创新		

◆ **实施步骤**

1. 活动准备

课前教师请学生推荐自己喜欢的电视节目，推荐时须说出节目英文名和推荐理由。

教师根据学生的推荐准备活动素材。

2. 活动导入

教师用PPT出示一张电视节目单，告诉学生7点至8点可以看电视，让他们选择今晚想看的电视节目。

3. 全班活动

教师引导学生将选出来的8种电视节目进行分类，提问：Which are the news programs？学生回答正确后，教师将此电视节目的图片贴在黑板上。重复此步骤，直至完成所选8种电视节目的分类及贴图。

教师在PPT上出示上述8种电视节目英文名称（打乱顺序），引导学生通过关键词分析、判断，尝试说出每一档电视节目的英文名称。学生回答正确后，教师将电视节目英文名称写在对应图片下方。

教师播放其中一个电视节目的简短视频，提问：What do you know about it？请学生联系已知知识内容，对电视节目进行简单描述与讨论。

如：This program focus on Chinese food and its culture from different places.

完成对剩余电视节目的描述及讨论。

4. 活动示范

教师邀请4名同学上台，推选一位同学作为猜测者，猜测者须闭上眼睛。

教师将黑板上的节目标上序号，另外3名同学用数字手势约定黑板上的某个节目。

3名同学用英文对此电视节目进行描述，可互相补充，但不能直接出现节目名称。猜测者听后需判断出电视节目，并在黑板上选择相应的节目。

5. 小组活动

4人小组成员轮流担任猜测者。

按照活动示范进行猜测活动。

6. 效果评价

教师在活动中要注意观察学生能否积极参加互动和交流，引导学生主动分享对"电视节目"已有的认知，并根据学生实际情况调整提问方式，给予学生鼓励。

教师根据学生对电视节目主题及价值的认知和描述，引导学生开展讨论和正确评价。

◆ **实施建议**

（1）教师可选用一些学生喜欢的、最新的电视节目（因版权原因本案例中并未呈现），以激发学生更大的兴趣。

（2）教师可用PPT出示结构化语言，帮助学生进行节目描述。

【活动评述】

在进行本单元教学时，教师和学生都有意犹未尽的感觉，学生很想谈论自己喜欢的电视节目，但是教材中并没有现成的教学材料，于是，教师想到了让学生推荐电视节目的好方法。在课前，教师布置了推荐任务，学生须自行查找节目英文名并简单书写推荐理由。选择节目需要学生对节目进行批判与评价；书写理由需要学生发现节目特征，用教材中的说明文文体进行写作。这是超越语篇、并与现实生活相连结的迁移创新活动。

能进行节目推荐的只是少部分同学，老师将他们的推荐作为教学素材，请学生将这些电视节目进行归类，并通过分析和思辨，谈论自己对某个电视节目的认识，加深学生对主题意义的理解。学生全员参与小组活动，使不同语言水平的学生都能在真实活动中获得相应的活动机会，担任描述者或猜测者，表达并分享自己的观点。

【可参考此活动的主题】

（1）常见节假日和文化体验。

（2）需要拓展教学素材的其他主题。

参考文献

吴欣，Larry Swartz，Beth Levy. 义务教育教科书英语（一年级起点）五年级上册［M］.北京：人民教育出版社，2013.

（成都市胜西小学　王　露）

案例8：Tic Tac Toe

（趣味三连棋）

【教学内容】

语篇内容为两段短文，介绍了海伦·凯勒和牛顿的基本信息及成长经历。

Helen Keller was born in America in 1880. When she was very young, she got very sick. After that, she could not hear, speak or see. Helen worked very hard. She learned how to read, write and talk. When she was 20, she went to university. She is famous for writing many books and helping the deaf and blind.

Isaac Newton was a famous scientist. He was born in England in 1643. When he was a child, he was very quiet. He was always thinking about things. One day he was reading a book under an apple tree. He saw an apple fall from the tree. He thought, "Why do apples fall? What makes them fall?" He was the first person to find out why.

译文：

海伦·凯勒1880年出生于美国。在她很小的时候，她得了重病。从那以后，她就失去了视觉、听觉以及说话的能力。海伦学习非常努力，她学会了读书、写字和说话。在她20岁时，她上了大学。她写了许多书，并帮助聋哑人和盲人，她也因此而闻名。

艾萨克·牛顿是一位著名的科学家。他于1642年出生在英国。他小时候很安静，总是在思考。一天，他在苹果树下看书。他看见一个苹果从树上掉下来。他想："为什么苹果会掉下来？是什么让它们掉下来的？"他是第一个找出原因的人。

【教学活动】

案例年段	小学高段	预计活动时长	8~10分钟
活动目标	1. 能根据短文内容或自己了解的人物背景知识对课内外中外名人进行介绍、分析和评价，并能有理有据地表达个人态度和观点。（迁移创新） 2. 能在评价的过程中感悟并学习名人精神及其优秀品质，形成正确的价值判断。（迁移创新）		
活动准备	印有九宫格的纸张（数量为学生人数的一半）。		
语言技能	〔√〕听　〔√〕说　〔√〕读　〔√〕看　〔√〕写		
能力水平	〔　〕学习理解　〔　〕应用实践　〔√〕迁移创新		

◆◆ 实施步骤

1. 活动导入

教师用PPT出示短文，播放录音，让学生回顾短文内容。

教师引导学生用前面课时学过的句型总结并介绍海伦·凯勒及牛顿的基本信息：He/She is... He/She is a/an... He/She is famous for...

教师提问：What do you think of them？同时在PPT上出示word box（内容包含评价人物的词汇，如：hard-working，honest，brave，creative，never give up，talented...），引导学生使用"I think... because..."等句式，根据短文中介绍的两位名人的成长经历对他们进行评价。

在PPT上依次呈现前面课时学过的爱迪生、徐悲鸿、法布尔、李白及安徒生的头像，以及word box，请5名学生分别介绍他们的基本信息，并根据前面课时对他们的了解对他们进行评价。

请学生拿出课前搜集的自己喜欢的1位名人资料，开展两人小组活动，对人物进行介绍及评价。

2. 活动示范

全班分成男生和女生两个大组进行比赛，比赛中用蓝色圆圈代表男队，用红色圆圈代表女队。

教师用PPT出示一个九宫格（里面填有7位导入活动中出现的课本人物名字）及word box。请同桌的一名男生和一名女生上台，将自己喜欢的名人名字填写在剩下的两格中，并用paper，scissors，stone的方式决定谁是先手。

先手学生想好自己要标记出的名人，并对该名人进行介绍（包括基本信息及对他的评价），由台下的同学进行判断。若描述正确，该学生可用自己队的符号标记这位人物，若描述错误，则不可进行标记。以男生先手为例，男生说：Li Bai is Chinese. He is a poet. He is famous for writing many poems，so I think he is talented. 则可用蓝色圆圈圈出李白的名字。

(Li Bai)	Isaac Newton	填写男生或女生喜欢的名人名字
填写男生或女生喜欢的名人名字	Helen Keller	Thomas Edison
Jean-Henri Fabre	Xu Beihong	Hans Christian Andersen

接下来由另一名学生对自己想要标记的人物进行描述，并用自己队的颜色进行标记。如女生说：Helen Keller is American. She is a writer. She is famous for writing many books. She is hard-working. She never gives up. 则可以用红色圆圈圈出海伦·凯勒的名字。

Li Bai	Isaac Newton	填写男生或女生喜欢的名人名字
填写男生或女生喜欢的名人名字	Helen Keller	Thomas Edison
Jean-Henri Fabre	Xu Beihong	Hans Christian Andersen

两名学生轮流进行，直到其中一名学生能用自己队的符号连成一条直线（横向、竖向或者斜向均可），则该学生胜出，可为自己队加上1分。

3. 小组活动

学生开展两人小组活动，拿出教师提前发放的印有7位名人名字的九宫格纸张，在剩下的空白格中填上自己喜欢的名人名字，填写完成后两人根据之前的示范进行比赛。

4. 效果评价

教师观察学生在介绍、分析和评价中外人物过程中是否全面准确，判断学生是否能够在真实情境中有理有据地表达个人态度和观点。

❖ **实施建议**

（1）为保证活动的顺利开展，教师一定要提醒学生提前搜集准备好自己喜欢的名人资料。

（2）学生可根据自己的了解对同一位名人有不同的评价，符合事实即可，教师可鼓励其简要阐明理由。

（3）如有学生在评价时运用了PPT上word box中没有涉及的词汇，教师应及时将其写在黑板上，以丰富学生的表达。

（4）由于男女生人数可能不一样，教师需要根据情况进行协调。

（5）根据教学内容或年段不同，三连棋也可增加为四连棋或五连棋。

【活动评述】

本活动从培养学生的核心素养出发，围绕"认识名人，学习他们的优秀品质"这一单元主题，让学生综合运用所学语言和文化知识来介绍和评价名人，提高学生综合语言运用能力。为挖掘语篇的育人价值，教师在提取、梳理和运用核心句型"He/She is...He/She is a/an...He/She is famous for..."后，补充了"I think... because..."和word box。学生分析名人的成长经历，发现并总结出名人精神及其优秀品质，有理有据地表达出个人态度和观点，也能对同伴的描述做出正确与否的判断，在此过程中能无痕地达成育人目标。

本可以只用普通的问答活动进行，为什么要设计"Tic Tac Toe三连棋游戏"的活动形式呢？我想一线教师心中一定自有答案。给学生一点好玩儿的活动形式，让他们积极参与，内化迁移才能够真正地建构起来。让我们更快乐地学习吧！

【可参考此活动的语篇】

（1）谈论饮食及其是否健康的语篇。

（2）谈论作息及其是否合理的语篇。

（3）谈论爱好及其利弊的语篇。

参考文献

吴欣，Larry Swartz，Beth Levy. 义务教育教科书英语（一年级起点）六年级上册［M］.北京：人民教育出版社，2013.

（成都市泡桐树小学　武　艺）

案例9：Making Travel Plans

（制订旅行计划）

【教学内容】

单元语篇内容为四个孩子谈论周末计划、想去的地方和计划使用的交通方式。

【教学活动】

案例年段	小学高段	预计活动时长	12～15分钟
活动目标	1. 在小组内交流，根据Mark的喜好选定成都一日游的景点。（迁移创新） 2. 根据选定景点的位置和距离安排合理的交通方式，并在全班进行交流。（迁移创新）		
活动准备	出行计划任务单（数量为学生人数的四分之一）、成都旅游景点图（数量为学生人数的四分之一）		
语言技能	〔√〕听　〔√〕说　〔√〕读　〔√〕看　〔√〕写		
能力水平	〔　〕学习理解　〔　〕应用实践　〔√〕迁移创新		

◆◆ 实施步骤

1. 活动导入

教师创设西安小男孩Mark最近某个周末想来成都旅游的情境。请学生思考，来成都旅行需要做些什么攻略。

引导学生归纳出天气、往返时间、出行方式、住宿、景点等要考虑的问题。

教师用PPT出示Mark的个人情况和爱好，请学生思考个人喜好会是哪一个旅行要素的决定因素。

I'm Mark.
I'm twelve years old.
I'm from Xi'an.
I can recite many poems.
I like history books.
"The Romance of the Three Kingdoms " is one of my favorite books.

I like pandas.
They are very cute.
And I like spicy food, so hotpot is my favorite.
I also enjoy going shopping with my friends. I think it's very fun.

引导学生得出结论：个人喜好会影响旅行景点的选择。

2. 活动示范

教师用PPT出示成都旅游景点图，请学生根据Mark的爱好为他推荐成都的景点。

教师选择其中的三个景点并在旅游景点图中勾画出来，再告诉学生Mark会住在他的叔叔家，把叔叔家地址也勾画出来。

请学生以4人小组的形式根据住址和景点的具体位置，安排合理的交通方式，并完成任务单。

3. 小组活动

教师给每组学生分发一张成都旅游景点图和一张任务单，小组成员根据Mark的喜好，讨论并选择合适的景点。

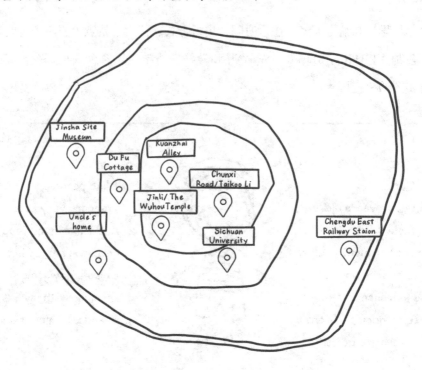

学生以4人小组的形式根据选定景点的位置和距离安排合理的交通方式，并完成任务单。

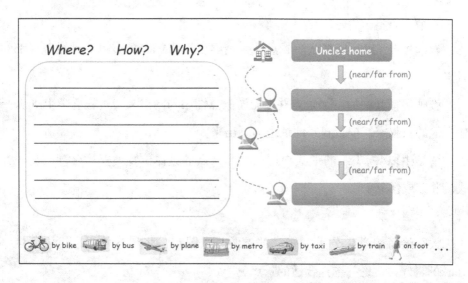

教师用投影仪展示小组任务单，并请小组成员合作汇报他们制订的一日游计划。

4. 效果评价

教师观察学生是否能根据Mark的喜好选择相应的景点，并评价其根据爱好匹配相应景点的准确程度。

教师观察学生是否能根据距离远近等因素选择合适的出行方式，考虑的因素是否全面周到，并根据学生情况给予学生指导和反馈。

◆◆ 实施建议

（1）教师要允许学生有不一样的景点选择和出行方式选择，但需要说出选择理由。

（2）如条件允许，教师可将本活动设计为新媒体新技术课例，请学生上网查找路线、出行方式等。

【活动评述】

该活动为迁移创新类活动。在活动中，教师创设了Mark周末要到成都来旅游的新情境，再基于新情境，请学生帮助Mark制定一日游景点和出行方式。学生首先要根据Mark的爱好为他选择旅游景点，再通过小组讨论，选择适当的出行方式，并给出选择该方式的原因。此任务源于生活，包含了"Where"（到哪里游玩）、"How"（如何选择交通工具）、"Why"（为什么选择该交通工具）等一系列与生活实际紧密相连的内容，引导学生把所学的知识迁移到现实生活中，让学生通过观察地图，调动已有生活经验，用小组合作研讨等方式，进行超越语篇的学习，创造性地解决新情境中的问题，促进学生能力向素养的转化。

【可参考此活动的内容】

（1）为零用钱的使用制订合理的消费计划。

（2）制订学习和生活计划。

（天府第四中学校　周晓琴）

案例10：My Neighborhood

（我的社区）

【教学内容】

单元内容为谈论Yaoyao所在的社区，描述社区超市、书店、饭店、医院、学校等所处的位置及如何到达这些地方。

【教学活动】

案例年段	小学中段	预计活动时长	15～20分钟
活动目标	1. 能描述学校所在社区的超市、书店、饭店、医院、学校等所处的位置。（迁移创新） 2 能根据指令在真实地图或社区实景中找到相应的地点。（迁移创新）		
活动准备	社区地图简图（总数量为学生人数的一半）、指令纸条（总数量为学生人数）。		
语言技能	〔√〕听 〔√〕说 〔√〕读 〔√〕看 〔 〕写		
能力水平	〔 〕学习理解 〔 〕应用实践 〔√〕迁移创新		

◆◆ 实施步骤

1. 活动导入

教师用PPT出示学校所在社区的地图（须为简图，便于突出重要地点）。

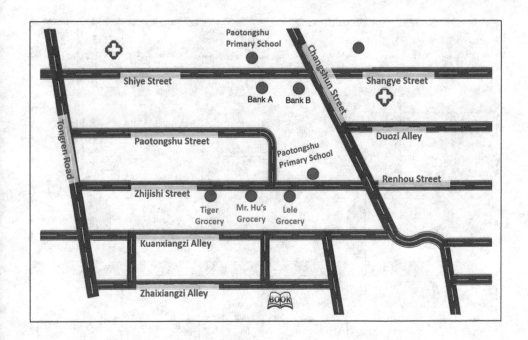

请学生描述社区超市、书店、饭店、医院、学校等所处的位置。

2. 活动示范

教师请一位学生上台，请他根据教师的指令在地图上用手指模拟行走，如：Turn right and go straight. Turn left at Tongren Road. Turn left at the first crossroad. You can take subway there. 请学生说出：It is the subway station.

3. 小组活动

教师将学生分为二人小组，给每组发放一张和PPT一样的纸质地图和一个玩具工兵小人偶。

每组抽取不同的指令纸条（如下图所示，不同地点的指令用不同颜色打印），两人合作，阅读指令条并将工兵小人偶移到地图上相应的位置。

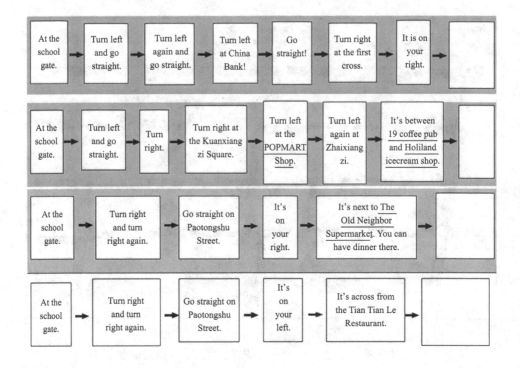

相同纸条颜色的小组核对人偶所走到的地点是否一致。

和邻近同学交换另一颜色的指令纸条，再次进行活动。

4. 活动拓展

教师为每位同学发放一张指令纸条。放学后在家长的陪同下，学生在社区内根据指令找到相应的地点，并将答案填写在空格内。

在指令条的背面设计一个新的行走指令。

5. 效果评价

教师观察学生是否能准确描述学校所在社区某个地点的位置，评价其是否能在迁移的语境中正确使用语言。

教师观察学生是否能读懂指令，在真实的社区按地图指令走到指定地点，判断学生是否能运用所学知识技能解决现实情境中的问题。

◆◆ **实施建议**

（1）如果条件允许，请学生在家长的陪同下按指令真实地进行该活动。

（2）教师在设计活动时要实地考察，保证地点准确，且在学生步行范围内。

（3）拓展活动第二条为选做任务，能力较强的学生可以完成。

【活动评述】

该活动为超越语篇的迁移创新类活动。教师将课堂教学情境迁移到现实生活中，设计了学校所在社区的简版地图，包括社区中学生熟悉的学校、杂货店、超市、书店、饭店、医院等，学生需要运用所学语言知识对这些地点的位置进行描述和阐释。接下来，教师出示了不同颜色的行走指令单，学生需要读懂指令，在真实地图中用工兵小人偶进行模拟行走。以上两个步骤为第三个步骤做足了铺垫，在活动拓展部分，学生需要在家长的陪同下根据指令步行，找到指令单上的地点。这是真实情境中的真问题，能让学生实现能力向素养的转化。

由于活动需要占用课后时间，且需要家长陪同，教师需在活动前和家长进行沟通和确认，也可将此活动设置为选做任务。

【可参考此活动的主题】

（1）家乡的地理位置。

（2）校园环境与设施。

参考文献

吴欣，Larry Swartz，Beth Levy. 义务教育教科书英语（一年级起点）四年级下册［M］. 北京：人民教育出版社，2013.

（成都市泡桐树小学　廖燕青）

案例11：Maze Game

（走迷宫）

【教学内容】

教学内容为情绪绘本，故事主角是一个容易生气的男孩。他因为生气长出了两只头角，在尝试哭泣、躲起来、听音乐、深呼吸、吃甜食、和朋友踢足球、和父母谈心等各种方法后，终于找到了改善自己情绪的方法，头角也消失不见了。

【教学活动】

案例年段	小学中段	预计活动时长	10～15分钟
活动目标	\multicolumn{3}{}		

案例年段	小学中段	预计活动时长	10～15分钟
活动目标	1.分析、评价故事主角改善情绪的方法。（迁移创新） 2.能运用合理有效的情绪改善方法，解决自己生活中遇到的情绪问题。（迁移创新）		
活动准备	迷宫图片（班级人数的一半）。		
语言技能	〔√〕听 〔√〕说 〔√〕读 〔√〕看 〔√〕写		
能力水平	〔 〕学习理解 〔 〕应用实践 〔√〕迁移创新		

◆◆ 实施步骤

1. 活动导入

让学生分析、评价故事主角改善情绪的各种方法。

引导学生归纳、总结出"problem—feeling bad—solution—feeling good"的

情绪改善路径。

2. 活动示范

教师出示迷宫图片（教师可以在课前画到黑板上，也可以把图片投影到屏幕上），如下图所示：

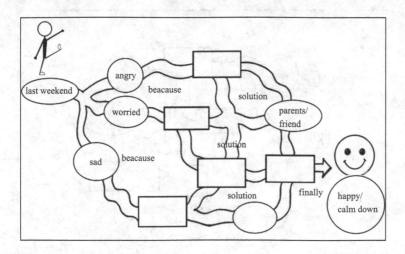

教师先在迷宫图片中的单词worried上面打一个"√"，然后说：I was worried last weekend. 并在黑板上板书出相应的文字内容。

教师说：Because my pet dog was ill. 并在迷宫中相应的空白格子里写出"ill"，如下图所示：

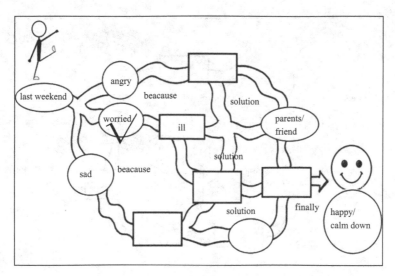

教师在之前板书的句子下面继续板书：Because my pet dog was ill.

教师请学生猜测自己是怎么解决宠物狗生病这个问题的。在学生进行了各种猜测后，教师说：I took him to the vet. 并在迷宫中相应的空白格子里填入单词"vet"，如下图所示：

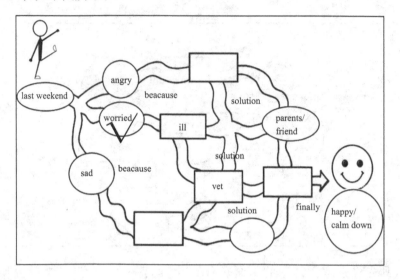

教师在之前板书的句子下面继续板书：I took him to the vet. 教师继续说：Then my dog recovered soon. 并在迷宫中相应的空白格子里填入单词"recovered"，如下图所示：

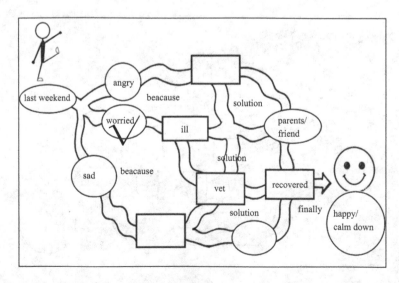

教师在之前板书的句子下面继续板书：Then my dog recovered soon.

最后教师指着迷宫中的出口说：At last I was very happy. 并在之前板书的句子下面继续板书出该句子。完成后的整体板书效果如下图所示：

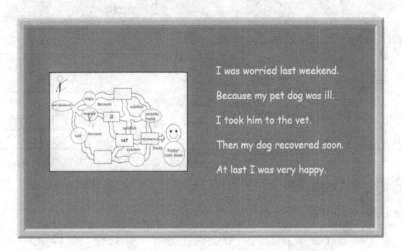

教师带领学生整体复述一遍，边说边用红笔把迷宫行进路线用箭头标画出来，如下图所示：

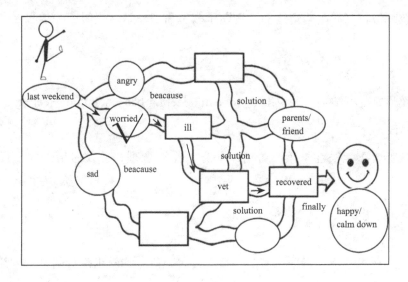

3. 小组活动

教师按照学生二人小组的数量准备好相应数量的迷宫任务单发放给学生，如下图所示：

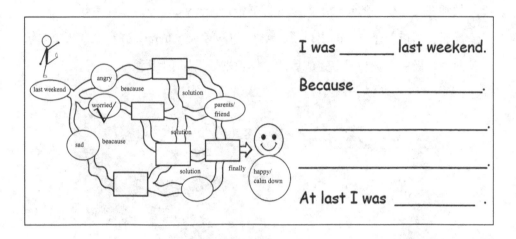

请学生回忆自己生活中曾经出现过的改善情绪的小片段，口头进行表达。二人商定哪一个片段比较适合作为迷宫案例。

二人小组合作，参照示例完成迷宫任务和写作任务。教师请2～4组进行展示。

4. 活动拓展

教师将较好的改善情绪的案例贴于教室后墙，请学生阅读并学习更多改善情绪的小方法。

5. 效果评价

教师要观察学生能否说出"problem—feeling bad—solution—feeling good"的情绪改善路径，其语言使用是否正确。

教师要重点关注学生改善情绪的方法是否合理，并及时给予学生肯定或引导。

◆ **实施建议**

（1）要求学生尽量回忆真实的情绪改善片段，如学生确有困难，教师也可以提供几种情境供学生选择。

（2）如果学生觉得教师的迷宫设置比较局限，也可在任务单上的空白处自行添加。

【活动评述】

该活动是让学生在学习理解和应用实践活动的基础上，联系生活实际进行的超越语篇的迁移创新活动。学生回忆自己生活中曾经有过的情绪，如sad，angry或worried，以及是如何找到解决方法让自己回到happy或calm down的情绪状态的。这不仅仅是语言的学习，还是帮助学生正确认识情绪、接纳情绪和想办法帮助学生改善情绪的活动。教师用迷宫的形式帮助学生梳理解决问题的过程，将心理健康教育无形地融入活动中，迷宫里设计的关键词friends，parents为学生提供了情感支持路径，空白处的设计也给学生预留了自主的空间，让学生愿意分享自己真实的想法和做法。迷宫活动同时也为学生后面的写作活动提供了支架，让写作不仅仅是单纯的仿写，使学生可选用不同句式结构和相应的时态来描述事件，并且表达自己的情感和态度。

【可参考此活动的语篇】

（1）用不同的方式解决遇到的问题的语篇。

（2）可创编不同结尾的语篇。

（成都市泡桐树小学　孟 乔）

案例12：Are They the Same Person?

（猜猜他是谁？）

【教学内容】

语篇通过对人物习惯、爱好、性格特点等方面的描述，详细举例介绍了 Tom的新朋友Joe。

【教学活动】

案例年段	小学高段	预计时长	12～15分钟
活动目标	1. 参照气泡图范例，完成"自我介绍"思维导图。（迁移创新） 2. 参照范文结构，写出对某位小组成员的"人物介绍"。（迁移创新） 3. 小组合作，匹配"自我介绍"和"人物介绍"。 4. 思考、讨论"自我介绍"和"人物介绍"的异同，分析原因。（迁移创新）		
活动准备	1. 分别写有字母A，B，C，D，E，F的纸条，六张为一套，准备套数为六人小组数。 2. 空白气泡图和四线三格作文纸，准备数量均为全班人数。 3. 请6名学生课前准备"自我介绍"与"人物介绍"。		
语言技能	〔 〕听　〔 〕说　〔√〕读　〔 〕看　〔√〕写		
能力水平	〔 〕学习理解　〔 〕应用实践　〔√〕迁移创新		

◆ 实施步骤

1. 活动导入

教师带领学生复习语篇，引导学生进行简单的复述。

2. 活动示范

教师请6名学生上台，分别赋予他们字母代号A，B，C，D，E，F，然后拿出6张分别写有字母A，B，C，D，E，F的纸团，请每人随机抽取一个自行查看，且不做展示。每位学生需要介绍抽到字母所代表的同学，完成"人物介绍"，若抽到自己的代号，则6人需要重新进行一次抽取。需要注意的是，该环节在课前已经完成，示范阶段只是展示抽取过程。

6名学生依次展示气泡图"自我介绍"，需要从外貌、习惯、爱好、性格特点等方面进行描述，并分别填入气泡中。

6名学生依次展示"人物介绍"，文中不出现姓名（在背面写上人物字母代号），描述的方面应与"自我介绍"所涉及的一致。

6名学生需匹配"自我介绍"和"人物介绍"，若出现一对多的匹配情况，则请全班同学参与讨论，协助他们进行选择。

6名学生完成匹配后，将"人物介绍"翻到背面查看字母代号，核对是否正确匹配相应的"自我介绍"。

若出现匹配不正确的情况，请全班参与讨论，分析原因。

3. 小组活动

教师根据班级人数将全班分为若干个6人小组。

教师根据小组人数发放写有字母的纸团，学生一人随机抽取一个。

抽取完成后，教师给每位学生分发一张空白气泡图和一张四线三格作文纸。

全班学生独立完成气泡图"自我介绍"，根据纸团编号对抽到的小组成员进行"人物介绍"，并将其字母代号写在作文纸背面。

小组成员都完成之后，一起进行阅读，匹配"自我介绍"与"人物介绍"。

完成匹配后，每位学生思考关于自己的"自我介绍"和"人物介绍"异同，并和小组成员讨论、分析出现差异的原因，然后与全班同学分享。

4. 效果评价

教师观察学生"自我介绍"和"人物介绍"书写情况，必要时及时给予学生提示、引导与帮助。

教师观察学生是否能在小组内讨论出"自我介绍"与"人物介绍"的异同，判断学生是否理解自我眼中的"我"和他人眼中的"我"。

◆◆ 实施建议

（1）在写作过程中，教师可根据学情适当为学生提供语言支撑。

（2）要求学生在写作"人物介绍"过程中对自己写的人物保密。

（3）为方便活动开展，教师可提前准备活动示范的录像视频。

（4）教师可根据实际情况确定每个小组的人数，建议5～8人为一组。

【活动评述】

该活动为迁移创新类活动。学生已经在单元课时中通过获取与梳理、概括与整合形成了关于"自我介绍"和"人物介绍"的知识结构，通过描述与阐释、内化与运用巩固了结构化知识。在本活动中，学生需用思维导图的形式完成对自己的介绍，再用文段形式完成对小组某位成员的介绍，接下来打乱所有任务单，匹配"自我介绍"和"人物介绍"，看是否为同一个人，通过这样的推理与论证、分析和思辨，引导学生发现自己眼中的"自己"可能和别人眼中的"自己"不太一样，从而引发学生思考和讨论，自然而然地让学生经历认识自我、认识他人的过程，从而能够更加全面、客观地看待自己与他人，加深学生对单元主题意义的理解。

【可参考此活动的主题】

（1）学校生活与个人感受。

（2）生活中的问题和解决方式。

参考文献

吴欣，Larry Swartz，Beth Levy. 义务教育教科书英语（一年级起点）五年级上册［M］.北京：人民教育出版社，2013.

（成都市泡桐树小学桐欣校区　缪沐珍）

案例13：Create a New Story

（创编故事）

【教学内容】

绘本*Hans in Luck*讲述了发生在很多年以前的故事：男孩Hans带着一大袋银子回家看母亲，在路上又热又累，于是用银子换了一匹马，但他却没法驾驭这匹马，于是他又换了一头奶牛，却挤不出牛奶……Hans多次以物易物，最后两手空空回到家，但他依然很开心地说：Mum! I had good luck.

【教学活动】

案例年段	小学高段	预计活动时长	20～30分钟
活动目标	1. 能参照原语篇结构，将故事背景放到2023年，创造性地改编故事。（迁移创新） 2. 能通过故事创编加深对"真实需求比价格更有意义"的理解以及学会保持乐观、健康的心态，并在自己的故事创编中表达这样的观点。（迁移创新）		
活动准备	准备小组活动的故事创编模板单，数量为班级人数的1/4。		
语言技能	〔√〕听　〔√〕说　〔√〕读　〔√〕看　〔√〕写		
能力水平	〔　〕学习理解　〔　〕应用实践　〔√〕迁移创新		

◆◆ 实施步骤

1. 活动导入

教师总结Hans的换物过程：Look，Hans changed so many things.

教师继续提问：But can we see them in our daily life? Do we use these things today? 学生根据教师的引导为以上物品找到现代的替换品。例如，现金、线上支付、自行车、汽车等。

2. 活动示范

教师提问：如果将故事的背景换到2023年，你会怎样创编这个故事？

教师引导学生自由发言，和学生一起创编现代版*Hans in Luck*.

3. 小组活动

教师将全班学生以4人一组的形式进行划分，让学生在小组内展开讨论，进行故事创编。

教师分发小组任务单，请学生进行配图和配文。

可以让学生自行分工，比如小组成员共同讨论，1人负责记录，1人负责绘图，至少2人负责展示。

请2～3组进行展示，展示方式由学生自选，可朗读，也可表演。

4. 效果评价

教师观察学生是否能展开想象进行有逻辑意义的情节创编，可以给予学生必要的引导和启发。

教师观察学生能否参与组内互动和交流，是否能根据个人的特点承担相应的任务，可以给予学生合理建议。

在情节创编过程中，教师观察学生能否使用核心语言结构连结现实生活情境进行合理地创编，并根据学生的表现给予学生指导和鼓励。

◆ **实施建议**

（1）教师在学生开展故事创编前要进行充分的示范、引导和启发，激发学生的灵感。

（2）在学生开展小组活动时，教师要引导和协调学生的任务分配，提醒大家关注到本组学生的差异，使学生感到小组任务"人人有责，我很重要"，从而激发每个学生的参与热情，提高每个学生的参与度。

（3）小组汇报展示的过程中，教师要以肯定和鼓励为主，在关注学生语言结构使用的同时更要关注学生对文本意义"真实需求比价格更有意义"的延续和表达，使学生获得并能输出正确的价值观。

【活动评述】

故事创编是故事教学读后环节中很好的迁移创新活动，能有效地培养学生的想象力和创新能力。这个故事发生的背景是在多年以前，孩子们对银子作为货币、马匹代步、磨盘石磨小麦等都比较陌生，因此在评价主人公的行为和观点上缺乏代入感，对故事的主题意义体会还不够深入。教师先请学生将这些物品与我们现实生活中同样功能的物品一一对应，再请学生把故事背景放到2023

年，对故事进行创编。在创编过程中，老师不限制学生的想象与创造，也不强加观点，只是进行引导：真实需求比价格更有意义。学生在选择交换的物品时需要多方面、多角度思考，如需要思考交换什么物品，物品所能提供的价值，以及通过何种逻辑顺序体现文本意义。学生在构思新文本的过程中自然而然对语篇背后的价值取向与主人公的行为开展推理与论证活动，并在讨论中进行分析和思辨，评价作者或主人公的观点和行为，能加深学生对主题意义的理解。

"讨论故事"是为"写故事"做好准备，在故事单中，学生参照原故事的文本结构进行仿写或再创作，最后，进行不同形式的小组展示。在整个活动过程中，学生运用所学知识技能、方法策略和思想观念创造性地解决新情境中的问题，理性表达情感、态度和观点，促进学生能力向素养的转化。

【可参考此活动的语篇】

（1）故事类语篇。

（2）情节可迁移、替换的语篇。

参考文献

［1］Paeony Lewis，André s Martinez Ricci. 丽声经典故事屋（第四级）Hans in luck 幸运的汉斯［M］.北京：外语教学与研究出版社，2016.

［2］中华人民共和国教育部. 义务教育英语课程标准（2022年版）［S］.北京：北京师范大学出版社，2022.

（成都蒙彼利埃小学　樊筱琴）

第四章

整体案例

案例1：Fruit Salad

（水果沙拉）

【教学内容】

教学内容为两个孩子在超市水果区的一段对话，对话内容如下。

—Do you like bananas?

—Yes，I do.

—Do you like pears?

—No，I don't.

核心词汇：apple，pear，banana，orange，strawberry，grape，watermelon，kiwi。

核心句型：Do you like...？Yes，I do. /No，I don't.

【教学活动】

活动一

案例学段	小学低段	预计活动时长	5～8分钟
活动目标			
活动准备			
语言技能			
能力水平			

案例学段	小学低段	预计活动时长	5～8分钟
活动目标	1. 在看、听、说活动中，学习水果的单词。（学习理解） 2. 在教师的帮助下，在水果喜好分类中理解核心句型"Do you like...？Yes，I do. /No，I don't."（学习理解）		
活动准备	1. 水果实物。 2. 每人一套水果卡片、每人一套开心脸卡和哭脸卡、教学课件。		
语言技能	〔√〕听　〔√〕说　〔√〕读　〔√〕看　〔 〕写		
能力水平	〔√〕学习理解　〔 〕应用实践　〔 〕迁移创新		

◆◆ **实施步骤**

1. 活动导入

教师将几种水果的实物放置于一个不透明的箱子内，请某位学生上台抽取一个水果，师生进行认读活动（如不便于准备实物的水果种类，也可以用图片替代）。

2. 活动示范

教师在黑板左边画一个开心脸，右边画一个哭脸。教师请一位学生和自己组成二人小组，随机拿出一张水果的卡片（比如苹果），问：Do you like apples? 如果学生回答Yes，I do. 教师将卡片放在开心脸下面。如果学生回答No，I don't. 教师将卡片放在哭脸下面。学生提问，教师回答，学生依据教师回答情况将水果卡片放在相应位置。通过两人问答，将所有水果卡片贴在黑板上。

3. 小组活动

学生开展两人小组活动，教师给每组发放一套水果卡片。

学生A提问：Do you like... ？学生B回答：Yes，I do. /No，I don't. 学生A根据学生B的回答，将水果卡片贴在相应的表情卡片下面。全部询问完后，学生A将最终做成的水果喜好分类呈现给学生B。

交换问答角色，学生B提问，学生A回答，完成水果喜好分类活动。

教师巡视并给正确使用句型、完成活动的小组加分。

4. 效果评价

教师观察学生能否正确说出水果的英文名称，了解其关于水果的词汇储备。

教师观察学生在活动中问答的表现，根据学生的语言了解学生是否理解核心句型的意义。

◆◆ **实施建议**

（1）在该活动中，教师巡视并留意学生对话内容，根据学生的表现给予学生指导和反馈。

（2）教师提醒先完成活动的小组安静等待。

（3）教师可以选几个学生作为小助手，给各组记分。

活动二

案例学段	小学低段	预计活动时长	6~8分钟
活动目标	1.运用核心句型，与同伴进行角色扮演，挑选水果。（应用实践） 2.在教师帮助下，两人合作制作水果沙拉。（应用实践）		
活动准备	1.教学课件。 2.每人一个沙拉果盆卡，一套水果卡片，每张水果卡片后粘有双面胶。		
语言技能	〔√〕听 〔√〕说 〔 〕读 〔√〕看 〔 〕写		
能力水平	〔 〕学习理解 〔√〕应用实践 〔 〕迁移创新		

◆ **实施步骤**

1. 活动导入

教师用PPT出示超市水果区的图片，创设情境。请学生运用核心句型，与同伴进行角色扮演，挑选水果。角色扮演对话示例如下：

—Do you like bananas?

—Yes，I do.

—Do you like pears?

—No，I don't.

2. 活动示范

教师在黑板上贴一个沙拉碗图片，告诉全班：This is a salad bowl.（这是一个沙拉碗）教师请学生猜一猜接下来会做什么，学生基于图片和已有经验，预测接下来会做水果沙拉。

教师选一位学生上台，拿着其中一张水果卡片（比如香蕉）提问：Do you like bananas? 一个学生根据实际情况回答。如果学生回答：Yes，I do. 教师就将水果卡片贴在沙拉碗卡片上。教师逐个拿起其余的水果卡片，依次提问，直到把学生喜欢的水果卡片贴到沙拉碗卡片里。

师生角色互换，学生提问，教师回答，重复以上步骤，最终得到教师和学生喜欢的水果做成的水果沙拉各一份。

3. 小组活动

学生以二人小组的形式开展活动，每组都发放一套水果卡片和一张沙拉碗卡片。

学生A先提问：Do you like... ？ 学生B回答：Yes，I do. /No，I don't. 学生A根据学生B的回答，将学生B喜欢的水果卡片贴在水果沙拉碗中。全部询问完后，学生A将最终做成的水果沙拉卡片交给学生B。

学生B提问，学生A回答，重复上述步骤。

教师给正确使用句型、完成活动的小组加分。

4. 效果评价

教师观察学生在小组活动中是否准确使用核心语言，了解学生的语言内化情况。

教师观察学生在活动中是否能够开展对话，并对需要帮助的小组予以指导。

◆◆ **实施建议**

（1）教师可以根据教学内容对水果种类进行增删。

（2）活动可能会产生垃圾，教师提醒学生要保持教室整洁。

活动三

案例学段	小学低段	预计活动时长	10～15分钟
活动目标			
活动准备			
语言技能	〔√〕听 〔√〕说 〔 〕读 〔√〕看 〔 〕写		
能力水平	〔 〕学习理解 〔 〕应用实践 〔√〕迁移创新		

活动目标：1. 运用核心句型，找到合适的同伴，分享主食、饮料和水果。（迁移创新）2. 对自己的分享活动进行评价，体会活动背后隐含的意义。（迁移创新）

活动准备：1. 教学课件。2. 每人一个活动单，上面呈现一个空白餐盘、食物、饮料及水果若干纸条，每张食物纸片后粘有双面胶

◆◆ **实施步骤**

1. 活动导入

教师在PPT上展示三类食物的图片及英文单词。第一类是主食类，分别是

chicken, noodles, rice, fish。第二类是饮料类，分别是juice, milk, tea和water。第三类是水果类，分别是apples, pears, oranges, bananas, strawberries, grapes, watermelons和kiwis。教师请学生逐个说出每种食物名称。教师说明活动需要每个人为自己准备一份美味营养午餐，要求有主食、饮料和水果各一种食物。

2. 活动示范

教师在黑板上展示PPT，并随机邀请一位学生上台。

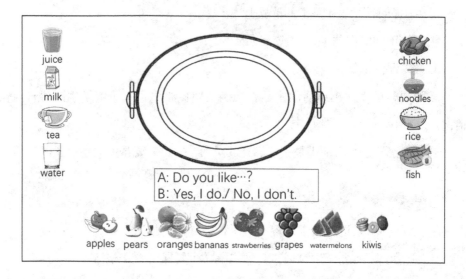

教师说明，这是学生的餐盘。教师提问：Do you like noodles? 学生回答：Yes, I do. 教师将noodles食物卡移到餐盘中。教师继续问：Do you like juice? 学生回答：No, I don't. 教师接着问：Do you like water? 学生回答：Yes, I do. 教师将water食物卡移到餐盘中。教师又问：Do you like strawberries? 学生回答：Yes, I do. 教师将strawberries食物卡移至餐盘中。最后学生的餐盘如下：

教师展示另一个空餐盘，说明这是教师的餐盘。重复上述步骤，学生问，教师回答。学生将教师肯定回答的食物移到餐盘中，完成午餐食物选择。

3. 小组活动

学生以二人小组的形式开展活动。

学生A提问，学生B回答。A在自己的活动单上将学生B肯定回答的食物纸条撕下来，贴在B的餐盘上，直到学生B完成午餐食物选择。学生B提问，学生A回答，重复以上活动步骤。

在全班完成食物分享活动后，教师请学生在全班做心得分享，说明自己为什么会选择这些食物。教师根据学生的反馈，引导学生讨论和正确评价，帮助学生形成健康饮食的观念。

4. 效果评价

教师观察学生在食物分享过程中能否正确问答、准确描述食物的名称，判断学生语言内化情况。

教师关注学生是否能够对自己的选择进行简要评价，掌握学生表达个人观点的能力。

◆ **实施建议**

（1）如果学生觉得餐盘中三种食物不够，可以增加餐盘中的食物。

（2）学生作评价时如果英文输出有困难，可允许学生用中文表达。

（3）教师根据学生的表现给予学生指导和反馈。

【活动评述】

本案例是三个活动构成的整体案例，分别体现英语学习活动观的三个层次：学习理解、应用实践、迁移创新。在活动设计中，教师整合Fruit课程内容，从找到自己喜爱的水果，Make fruit salad过渡到Share fruit salad，帮助学生在活动中习得语言知识，运用语言技能，评析语篇意义，建立语篇与育人功能之间的联系。这样有趣味、有层次、有实效的系列课堂活动实现了语言知识和育人价值的统一。

学生在本案例中经历了三个学习阶段。第一阶段，学生在教师的帮助下，概括与整合信息，理解核心句型的意义。教师用微笑脸表示喜欢，哭脸表示不喜欢，经过师生示范、生生示范，将喜欢的水果和不喜欢的水果进行分类摆放，帮助学生深刻理解核心语言。开展二人小组活动，让学生进行问答交流，学习重点表达，运用分类建构知识，这些是学习理解类的活动。第二阶段，学生运用核心句型，与同伴进行角色扮演，挑选水果。在教师指导下，学生与同伴合作，利用学具制作水果沙拉，在此过程中开展聚焦核心语言的真实交流。这些应用实践类的学习活动，旨在帮助学生借助语言支架，通过口语练习内化目标语言。第三阶段，教师创设分享的情境，学生将食物（包括水果）分享给同伴，并请学生对自己的分享活动进行简要评价，说明自己为什么会选择这些食物。教师引导学生选择健康的食物，帮助学生形成健康饮食的观念。

从本案例可以看出，学生通过"学习理解—应用实践—迁移创新"的学习过程，逐渐从基于语篇的学习走向深入语篇、超越语篇的学习，最终能够利用所学知识解决真实的问题，使其形成正确的价值观念和积极的情感态度，深化对单元主题意义的理解，达成单元教学目标。

参考文献

［1］吴欣，Larry Swartz，Beth Levy. 义务教育教科书英语（一年级起点）一年级上册［M］.北京：人民教育出版社，2013.

［2］中华人民共和国教育部. 义务教育英语课程标准［M］.北京：北京师范大学出版社，2022.

（成都市泡桐树小学桐欣校区　余春平）

案例2：How Much?

（多少钱？）

【教学内容】

语篇内容为文具店中小女孩和售货员之间的对话：

—Good morning. Can I help you?

—Yes. How much is the exercise book?

—It's 5 yuan.

—Ok. How much are the pencils?

—They're 8 yuan.

—OK. I'll take them all. Thanks.

核心词汇：ruler，pencil，pencil box，exercise book，eraser，pencil sharpener。

核心句型：How much is the...？It's... yuan. How much are the...？They are...yuan.

【教学活动】

活动一

案例学段	小学中段		预计时长		6~8分钟
活动目标	1. 在看、听、读、说活动中，学习文具名词的单复数形式。（学习理解） 2. 区分核心句型"How much is the...？It's...yuan. "和"How much are the...? They are...yuan. "的使用情况。（学习理解）				
活动准备	1. 活动课件。 2. 每两人一份书包活动资料，将活动资料上每种文具提前剪开，只留小部分连在资料上，文具后贴有双面胶。				
语言技能	〔√〕听　〔√〕说　〔√〕读　〔√〕看　〔　〕写				
能力水平	〔√〕学习理解　〔　〕应用实践　〔　〕迁移创新				

◆◆ 实施步骤

1. 活动导入

教师用实物呈现单个文具并出示相应单词，让学生复习它们的英语名称。

教师用实物呈现多个文具，如5支铅笔，让学生复习句型"It's a/an... /They are ..."，巩固单复数的意义。

让学生观看购物对话视频，感知购物时要使用的本单元新的核心句型"How much is... "与"How much are..."。

2. 活动示范

如下图所示，在课件上出示两个书包、所有文具及其价格和核心句型。

教师请一名学生上台。教师将图片"一把直尺"挪动到第二个书包中，指着上方对应的核心句型，问：How much are the rulers？

学生A回答：No，将图片挪动至第一个书包中。

教师指着书包上方核心句型，重新问：How much is the ruler？

学生A回答：It's 3 yuan.

学生A选择一张文具图片，将其挪进第二个书包中，用对应核心句型询问价格：How much are...？如果学生A正确挪动文具，教师回答：They're...如果学生A错误挪动文具位置，则教师引导学生重新选择文具，重新挪动，再进行对话。

3. 小组活动

同桌两人一组，根据活动示范开展活动。

学生A撕下一种文具图片，贴在活动资料的书包上并提问，学生B判断后回答。

学生B撕下一种文具贴在活动资料的书包上并提问，学生A判断后回答。

活动完成后交给小组长检查并计分。

4. 效果评价

教师观察学生能否准确选用句型进行问答，检查其是否理解询问单复数物品的价格问答方式。

◆◆ 实施建议

（1）教师可根据学生人数对课件内容进行增删。

（2）教师提醒学生要保持教室整洁。

活动二

案例学段	小学中段	预计活动时长	5～8分钟
活动目标	1. 能够运用 "How much is the...? It's...yuan." 和 "How much are the...? They are...yuan." 询问、回答文具的价格。（应用实践） 2. 根据对话，找到文具及价签位置，补全文具名称及价格信息。（应用实践）		
活动准备	1. 分别准备货架A与货架B的图片，货架A与货架B上的文具相同，但是位置不同，并且货架A和货架B提供的信息互为补充；每张图片准备数量为班级人数的一半。 2. 准备"货架A示范图片"与"货架B示范图片"，只呈现两个示例文具的相关信息。		
语言技能	〔√〕听　〔√〕说　〔√〕读　〔√〕看　〔√〕写		
能力水平	〔　〕学习理解　〔√〕应用实践　〔　〕迁移创新		

◆◆ 实施步骤

1. 活动导入

教师在PPT上出示文具的图片和对应单词，请学生说出它们的英语名称：It's a... /They are...

2. 活动示范

教师持"货架A示范"图片，请一名学生上台，给其发放"货架B示范"图片。

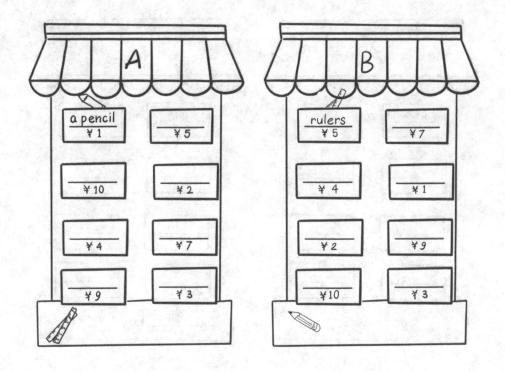

请该学生背对PPT，并同时在PPT上展现两人手中的图片。

教师与该学生根据手中所持图片进行对话：

T：How much are the rulers?

S：They're 5 yuan.

教师将"rulers"填写在货架A图中5元价签处。

S：How much is the pencil?

T：It's 1 yuan.

学生将"a pencil"填写在货架B图中1元价签处。

教师用投影仪展示两人手中的图片并带领全班核对答案是否正确。

3. 小组活动

教师为全班发放货架A与货架B的图片，给奇数列学生分发货架A图片，给偶数列学生分发货架B图片，奇偶数列学生不能互看图片。

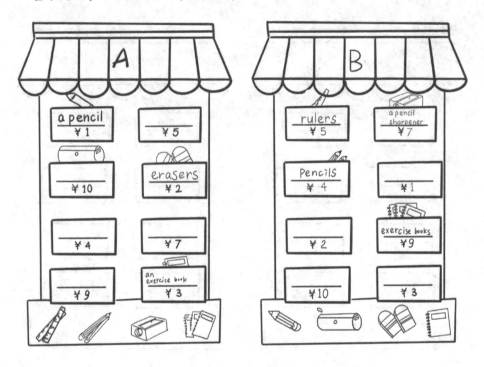

同桌两人合作互相问答，将自己的货架信息填写完整。

完成后，两人互看图片，核对答案，若正确则向教师举手示意；若不正确，则再次对话，修订答案。

4. 效果评价

教师观察学生能否通过互相问答将物品信息和价格信息补充完整，掌握学生对重点语言表达的学习和内化情况。

◆ **实施建议**

（1）该活动中，A、B学生的图片互为答案，因此在活动前和活动中，应避免学生互看任务单直接写出答案。

（2）教师巡视过程中，要关注学生对话情况，对有困难的学生给予适当帮助。

活动三

案例学段	小学中段	预计时长	10~12分钟
活动目标	1. 在"跳蚤市场"的场景中熟练运用所学语言知识完成买卖。（迁移创新） 2. 总结、分享并评价彼此的买卖策略。（迁移创新）		
活动准备	1. 学生自行准备闲置的文具、书本等物品，每人最多5件。 2. 学生自行准备价格牌，价格可以进行修改。 3. 学生自行准备一些不同面额的人民币，每人最多不超过20元。		
语言技能	〔√〕听 〔√〕说 〔√〕读 〔√〕看 〔√〕写		
能力水平	〔 〕学习理解 〔 〕应用实践 〔√〕迁移创新		

◆ **实施步骤**

1. 活动示范

教师请学生A上台，并请学生A展示准备的闲置物品。

教师观察物品，并选择其中一件与学生A进行对话，完成买卖，并请学生A回到座位。

请学生B和学生C上台，重复上述步骤，完成一轮买卖。

2. 小组活动

活动分为"上半场"和"下半场"，每个半场的活动时间为总时间的一半。

在活动"上半场"，请奇数列学生坐在座位上并将准备的闲置物品摆放在桌面，偶数列学生可在教室自由选择并进行买卖。

在活动的"下半场"，奇偶数列学生交换身份，并重复上述步骤。

3. 效果评价

教师观察学生在进行买卖活动时能否根据现实情境灵活运用语言，能否根据价格或其他因素决定是否购买，帮助学生总结买卖策略，进行适当的价值引导。

◆ **实施建议**

（1）教师可根据学情，选择性地将该活动设计为小组活动或个人活动。

（2）活动经费可根据情况进行调整，需提醒学生不要带大面额现金。

（3）该活动可在户外进行，教师应注意学生安全。

【活动评述】

本案例中的活动分别对应英语学习活动观的三个层级。第一个活动为学习理解类活动，教师通过图片与对话，让学生感知与注意名词单复数，通过将文具装进正确书包的活动帮助学生理解和区分"How much is..."与"How much are..."的意义，概括和整合两种核心句型的适用情况；第二个活动为应用实践类活动，通过互为补充的A、B任务单建立信息差，需要学生在归纳、整理核心语言的基础上，担任A、B两个不同的角色，运用所学语言解决价签信息缺失的问题，学用结合，内化语言。在活动中，学生需要询问、回答同伴以获取信息，在此过程中"听"和"说"的技能可得到较好的训练，此外，学生还需要将获取的信息正确记录下来，可以训练其"写"的技能；第三个活动是迁移创新类活动，在这一教学阶段，学生能够熟练运用句型"How much is it? It's...yuan."和"How much are they? They are...yuan."进行询问和回答，因此在该活动中，教师创设了较为真实的课堂教学情境"跳蚤市场"，让学生能自然而然地询问/回答价格，给学生提供了创造性地运用所学语言的机会，引导学生从文本走向现实生活，在现实生活中解决真实问题。

（成都市泡桐树小学桐欣校区　缪沐珍）

后记

　　《乐教趣学——基于英语学习活动观的小学课堂教学活动设计》由成都市廖燕青名师工作室成员共同编写。工作室成员均来自教学一线，除了成都市的成员，还吸纳了宜宾、遂宁等地的老师，以及来自四川省阿坝州、甘孜州等民族地区的老师们，工作室成员共建、共享、共同成长。

　　本书共有13名编者。主编廖燕青老师带领副主编任超平、余春平、樊筱琴把握编写理念，商议各章内容，逐字逐句修改、整理文案。编委们在主编的带领下，分工协作，最终完成编写工作。任超平、缪沐珍、叶焱萍负责第一章学习理解案例的协调和审校工作，余春平、李瑶、孟乔、王露负责第二章应用实践案例的协调和审校工作，樊筱琴、刘曼莉、尹晓星负责第三章迁移创新案例的协调和审校工作，武艺、欧阳萱负责第四章整体案例的协调和审校工作。

　　本书在编写和出版过程中还得到了很多非工作室成员的指点和帮助，在此一并表示衷心的感谢！

　　由于案例均为课堂小活动，在新课标提倡的单元整体教学和主题意义探究方面略显不足，加之时间仓促，编者经验缺乏，本书在活动内容和语言表达上仍存在一些需要改进之处，我们诚恳地欢迎读者提出宝贵意见。